Kulinarische Köstlichkeiten

Salate

Max Mundi

Kulinarische Köstlichkeiten

Salate

Mit 75 pikanten Rezepten
aus aller Welt,
exklusiv fotografiert
für dieses Buch
von
Hans Joachim Döbbelin

SIGLOCH
EDITION

Zur Abbildung auf Seite 2: Kaum eine andere Vorspeise eignet sich so gut wie frischer, appetitlich angerichteter Salat zum Beginn eines mehrgängigen Menüs.
Rechts: Immer schon ging es darum, beim Einkauf der passenden Salatkräuter auch die richtige Auswahl zu treffen und sich nicht mit Waren zweiter Wahl zufriedenzugeben – ein Prinzip, das heute mehr denn je gilt. Die Radierung, die um 1810 entstand, stellt einen Krämer und ein Kräuterweiblein in Wien dar.

Reproduktion: Otterbach Repro, Rastatt
Satz: Setzerei Lihs, Ludwigsburg
Druck: Erasmusdruck, Mainz
Papier: 135 g/qm BVS der Papierfabrik Scheufelen, Lenningen
Bindearbeiten: Sigloch Buchbinderei, Künzelsau
ISBN 3-89393-016-7

Kleine Salatgeschichte

„Salat soll die Zunge kitzeln ohne zu brennen, den Gaumen erfrischen ohne zu kratzen, den Magen anregen ohne zu überreizen."

Dieser alte Spruch, den wir in einem Küchenlexikon des vorigen Jahrhunderts fanden, hat schon so lange Gültigkeit, wie Salate fester Bestandteil der Ernährung des Menschen sind. Aus der Zeit des ersten Pyramidenbaus um 2700 v. Chr. sind uns Berichte überliefert, in welchen Salatpflanzen und Heilkräuter als Bestandteile einer gesunden Ernährung von Zehntausenden von Pyramidenbauern genannt werden.

Im fruchtbaren Zweistromland Mesopotamien, am Euphrat und Tigris, das heute weitgehend zum Staatsgebiet des Iran gehört, wurden uralte sumerische Keilschriftentafeln mit medizinischen Texten und der Erwäh-

Daß an knackige Salate auch frische Kräuter gehören, ist nicht erst seit heute eine Selbstverständlichkeit.
Die vier Buchminiaturen aus dem 14. Jahrhundert stammen aus Italien und zeigen links Dill, unten Petersilie, rechts Basilikum und ganz rechts Gartenkresse.

nung aromatischer Salatpflanzen ausgegraben. Die Tontafeln berichten aus der Zeit bis etwa 2000 v. Chr.

Bei den Gastmählern des Belsazar in Babylon wurde ein Salat aus Endivien, grünen Blättern und Würzkräutern gereicht, die alle in den Hängenden Gärten der Semiramis gezogen worden sein sollen. Diese Gärten, die zu den Sieben Weltwundern des Altertums gezählt wurden, hatte die sagenhafte Königin und Gründerin Babylons selbst angelegt.

Belsazars Feste galten als das größte gesellschaftliche Ereignis seiner Zeit. Sie wurden später gerne als Orgien bezeichnet. Inwieweit der Salat dabei als Stimulans gewirkt hat, ist heute nicht mehr festzustellen.

Die Feldzüge Alexanders des Großen bringen dem Mittelmeerraum die Zitrusfrüchte und auch Salatpflanzen. In der Nilmündung gründet Alexander die nach ihm benannte Handels- und Hafenstadt Alexandria. Sie wurde bald zur Drehscheibe des Handels dreier Kontinente. Rasch freunden sich auch die Griechen mit den aus nah und fern ins Mutterland gebrachten Salatpflanzen an. Hippokrates, der berühmte Arzt und Apotheker, führt in seinen Schriften 300 Salatpflanzen auf.

Aber auch für die Schönheitspflege wurde der Salat gegessen. Der schöne Adonis, der Exgeliebte der Liebesgöttin Aphrodite, führte den Salat in seinem Wappen – von nun an glaubte man an die Schönheit bringende Kraft des Salates. Und da schon damals jeder schön und gesund sein wollte, wurde jede Menge Kopfsalat verzehrt.

Ein Schüler von Aristoteles lehrte um 350 v. Chr., daß die menschliche Seele die Harmonie des Körpers sei. Den Weg dazu fand man (mit) durch selbst angebauten Salat, den der Philosoph jeden Tag mit köstlichem Wein begoß, da er dann beim Essen auch im Salat den Wein zu verspüren glaubte.

Plinius der Ältere trägt für die junge Weltmacht am Tiber in 37 Bänden die Naturgeschichte seiner Zeit zusammen, in der gerade

Heil-, Würz- und Salatpflanzen, aber auch Kultpflanzen eine große Rolle spielen. Von den römischen Schriftstellern kennen wir nicht nur viele Salatpflanzen, sondern auch Zubereitungen, darunter die heute noch so populäre mit Essig und Öl, die von vielen Salatliebhabern immer noch für die beste gehalten wird.

Wie das Wort Salat, das aus dem lateinischen *herba salata*, also gesalzenes Kraut, kommt, ist der Vater der ersten, an eine Art Vinaigrette erinnernden Salatsauce der Römer Marcus Gavius Apicius, der im ersten Jahrhundert n. Chr. lebte. Er beschreibt Gerichte, die aus frischem oder gegartem Gemüse bestehen und mit einer Sauce aus frischen oder getrockneten Kräutern, Essig, Öl und *liquamen*, einem salzigen Fischextrakt, angerichtet wurden.

Der Agrarexperte und Schriftsteller Julius Moderatus Columella, der uns die verschiedenen Salatsorten vorstellt und die Bezeichnung „insalata" einführt, berichtet schon von drei verschiedenen Arten, Essig herzustellen. Essig, eine uralte Erfindung des Menschen, geht einher mit der Geschichte des Weins. Das Salatöl, das man für die antiken Salatsaucen benutzte, stammte vom Olivenbaum. Das „flüssige Gold" war ein Zauber- und Allheilmittel: Sportler und Gladiatoren salbten ihre Körper damit, Frauen ihr Gesicht und die Genießer den Salat! Vielleicht beruhten die hervorragenden Wirkungen, die man im alten Rom dem Salat nachsagte, auf dem Zusammenspiel von reinigendem Essig, weichem Olivenöl und der grünen Frische der Salatpflanzen. „Kopfsalat ist gut, um die Eingeweide zu entspannen", schrieb der Epigrammdichter Martial. Kaiser Augustus ließ sich sogar gegen Schwermut und Traurigkeit von seinem Leibarzt eine spezielle Salatkost verordnen. Die römischen Legionäre sorgten für die Verbreitung des Salats in den immer zahlreicher werdenden Provinzen des römischen Imperiums. Der Gotenkönig Alarich kennt den Wert der verschiedenen Salatpflanzen sehr wohl, als er im Jahr 410 von der belagerten Stadt Rom neben Gold und Silber als Tribut auch einige tausend Körbe der köstlichen Salatpflanzen fordert.

Selbst der Prophet Mohammed soll in Mekka einen Gewürz- und Heilpflanzenladen gehabt haben. Mitte des 8. Jahrhunderts erstreckt sich das von ihm begründete Reich des Islams

über 12000 Kilometer, von der Westgrenze Chinas bis nach Spanien. Der Größe des Herrschaftsgebietes entsprechen die kulturellen Leistungen des Islams, allem voran die Naturwissenschaften und die Medizin. Salat spielt auch hier eine wichtige Rolle für die Gesundheitspflege, und Salatpflanzen werden zu religiösen Kultpflanzen.

Karl der Große, König der Franken beidseits des Rheins und Herrscher über weite Teile des Abendlands, ist, was den Salat betrifft, seinen muselmanischen Gegenspielern ebenbürtig. In einer Landgüterordnung verfügte er im Jahr 795 den Anbau von 89 Nutz-, Würz- und Heilpflanzen. Dieser Erlaß ist zur Verbesserung des damaligen mitteleuropäischen Speisezettels bitter nötig. Die geistlichen Orden, vor allem die Benediktiner, nehmen sich des Gewürz- und Heilpflanzenanbaus an. Salat wird ebenfalls angebaut. Das mittelalterliche botanische Wissen wird im Buch „Physica“ der Äbtissin Hildegard von Bingen niedergelegt. Erstmals werden für Salatpflanzen auch deutsche Namen verwendet. Trotzdem ist es um den Salat im deutschen Mittelalter nicht gut bestellt. Vor allem heil- und kräuterkundige Frauen, die sich mit allen grünen Kräutlein gut auskannten, kamen schnell in den Ruf, ihr Wissen für bösen Zauber auszunutzen. Schlimmstenfalls wurden sie als Hexen verbrannt.

Ohne Prinz Heinrich von Portugal, der als Heinrich der Seefahrer in die Geschiche einging, obwohl er selbst nicht zur See fuhr, wäre das Zeitalter der Entdeckungen später angebrochen, und die Salatküche hätte länger auf exotische Bereicherungen warten müssen. Ob Bartolomeo Diaz, Vasco da Gama oder Christoph Kolumbus, sie entdeckten alle nicht nur neue Welten, sondern auch neue

Nirgends ist Salat so frisch wie auf dem Markt zu bekommen. Die Stadtbewohner, denen es an Möglichkeiten fehlt, selbst Gemüse, Obst und Salat im eigenen Garten anzubauen, decken ihren Bedarf auf dem Markt.

Pflanzen: Tabak, Nüsse, Früchte und vielerlei Gemüse- und Salatpflanzen kommen nach Europa. Von nun an ging es darum, die gesunden frischen Salate möglichst geschmackvoll und abwechslungsreich auf den Tisch zu bringen.

Ein wesentliches Ereignis in der Geschichte des Salates war die Erfindung der Mayonnaise. Im Jahre 1756 belagerte der Franzose Marschall Richelieu die englische Festung Port Mahon auf der Baleareninsel Menorca. Nach dem Fall von Port Mahon kam Richelieu als strahlender Sieger nach Paris zurück. Die Marquise von Pompadour hatte dem Sieger eigenhändig eine Schleife an den Degen geknüpft, die als „Schleife à la Pompadour" in Mode blieb. Da Richelieu ein Weiberheld war, braute ihm sein Koch eine „Durchhaltesauce" aus Eigelb, Kräuteressig und Olivenöl, weil dieser Mischung eine Stärkung der Manneskraft und Liebesfähigkeit zugeschrieben wurde. Diese Sauce nannte man Mahonnaise, woraus schließlich Mayonnaise wurde. Am Hofe des französischen Königs wurde fortan Mayonnaise in gläsernen Schalen serviert. Zum Einstippen und Tunken reichte man zahlreiche Salate, die auf großen silbernen Tabletts serviert wurden. Für besonders gelungene Salatkreationen soll sogar ein Orden verliehen worden sein.

Französische Aristokraten, die während der Französischen Revolution nach England geflohen waren, entdeckten schnell einen neuen Beruf, den des Salatmischers. Sie reisten in der eigenen Kutsche von Diner zu Diner. Ausgerüstet mit wertvollem Handwerkszeug, brachten sie die frischesten Salatpflanzen und die besten Würzkräuter immer selbst mit. Ihr großes, meist bis ins Grab gehütetes Geheimnis war das Würzen der Salatsaucen und das Kombinieren der Salatpflanzen nach den Gegebenheiten der jeweiligen Jahreszeit. Die Salatmischer zelebrierten ihre Darbietung im wahrsten Sinne des Worts. Sie erzählten dabei unentwegt vom Salat, von seiner Heilkraft und seiner Wirkung auf das Liebesleben von Mann und Frau. Die Herren Salatmischer waren Abend für Abend beschäftigt, nahmen nicht wenig Geld dafür und mußten einen Monat im voraus verpflichtet werden.

Salate sollen Gaumen und Auge gleichermaßen erfreuen. Besonders Vorspeisensalate, die zum Beginn einer Mahlzeit serviert werden, erfordern Sorgfalt, Phantasie und Sinn für mögliche Zusammenstellungen. Auguste Escoffier, der Altmeister der Küche, der immer noch aktuell ist, sagte einmal, daß Vorspeisensalate „die Aufmerksamkeit und Phantasie des Feinschmeckers fesseln sollen, sobald er sich zu Tisch begibt". Salate müssen aber nicht notwendigerweise am Beginn der Mahlzeit stehen. Ein mit Fleisch, Geflügel oder sonstigen Zutaten angereicherter Salat kann eine vollständige Mittagsmahlzeit oder ein leichtes Abendbrot darstellen und wird besonders im Sommer an heißen Tagen willkommen sein. In Frankreich wird Salat außer als Rohkostplatte *(crudités)* zu Beginn des Menüs auch gerne nach dem Hauptgang vor dem Käse gereicht. Die Amerikaner sind die eigentlichen Meister im Salatessen – und -erfinden! Nicht nur als Beilage zum klassischen amerikanischen Steak, sondern auch in allen Kombinationen mit weiteren Zutaten werden und wurden Salate angerichtet und verzehrt. Die Amerikaner können sich rühmen, das erste richtige Salat-Kochbuch auf den Markt gebracht zu haben. Sie waren es auch, die Salate mit anderen Naturalien wie Fleisch, Pilzen, Fisch, Geflügel und Krustentieren zu mischen begannen. Die immer noch recht junge amerikanische Landesküche war eben an keine starren Traditionen gebunden und eher zu Experimenten bereit. Salat aß man immer dann, wenn man Lust dazu verspürte, und nicht an irgendeinem Platz im Menü, der irgendwann einmal festgelegt worden war. Es wurde bald üblich, was auch in Europa längst viele Nachahmer gefunden hat, nämlich das Essen mit einem Salat als Appetitanreger zu beginnen. Der Magen wird gleichsam auf die kommende Mahlzeit eingestimmt, und der größte Hunger ist vorbei, wenn der Hauptgang auf den Tisch kommt.

Salat ist gesund

„Der Mensch von heute will das Leben von übermorgen mit dem Ernährungsverhalten von vorgestern.“ Dieses Zitat eines bekannten deutschen Ernährungswissenschaftlers trifft nicht nur auf unseren Salatverzehr zu. Auf dem Weg vom Erzeuger zum Verbraucher gehen oft zu viele Nährstoffe verloren. Dabei ist es so wichtig, Salate in eine gesunde Ernährung einzubauen.

Wenn sich jemand richtig ernährt, dann wird er auf das richtige Verhältnis von pflanzlichen und tierischen Produkten im Sinne einer gesunden Mischkost achten. Der Salat kann als Frischkostbasis hierbei eine wichtige Rolle spielen, weil er in seiner Vielfalt neben jeder ernährungsphysiologischen Vernunft auch die Lust am Genuß fördert. Wann immer es sich anbietet, können Salate in den täglichen Speiseplan eingebaut werden. Zum Beispiel als Salat *davor,* was einer Vorspeise gleichkommt und auf gesunde, vernünftige Art auch als Bremse gegen den ersten Heißhunger zu sehen ist; *dazu,* weil eine Salatbeilage oft sinnvoller als fettes Fritiergut oder geschälter Reis ist; *anstatt,* denn wer mehrmals wöchentlich die gewohnte Hauptmahlzeit durch eine große Salatmahlzeit ersetzt, der hat sicher keine größeren Probleme mit der Figur.

Wer öfters Salat ißt, der ernährt sich natürlicher, bekömmlicher, richtiger und somit gesünder, und er fühlt sich wohl!

Vitamine schmeckt man nicht, fühlt man nicht, sieht man nicht und braucht sie doch mehr als jemals zuvor. Sie können die körpereigenen Abwehrkräfte stärken, die Immunkraft stabilisieren und die körperliche und geistige Leistungsfähigkeit beeinflussen. Außerdem sind sie der natürliche Schutz gegen Umweltgifte und Schadstoffe in der Nahrung. Nur wer ausreichend Vitamine mit seiner Nahrung aufnimmt, hat ausreichend Schutz gegen die vielen Zivilisationskrankheiten, die uns heute bedrohen.

Allerdings kann bereits der Weg vom Erzeuger bis in den Magen für die Vitamine „tödlich“ sein. Kaum ein Teil unseres Ernährungssystems ist so empfindlich und kompliziert wie die Vitamine. Die Wahrscheinlichkeit ihrer Zerstörung oder ihres Nichtabbaus ist groß.

Um Vitaminverluste zu vermeiden, sollte man wissen, daß sie wasserlöslich, fettlöslich, sauerstoffempfindlich, wärmeempfindlich und kochempfindlich sind. So kann der Körper die Vitamine A, D, E und K nur in Verbindung mit Fett abbauen, ein Problem, welches das Öl in der Salatsauce ideal löst.

Die Vitamine B und C brauchen kein Fett, um vom Körper aufgenommen zu werden, müssen aber vor Wasser geschützt werden, das wiederum zur Reinigung der Frischkost erforderlich ist. Nur ein richtiger Umgang mit dem frischen Salat und einiges Wissen über die Empfindlichkeit und Wirkungsweise der Vitamine kann sicherstellen, daß sie auch in der Dosis in Ihren Körper gelangen, die als Grundwert in der Vitamintabelle zu lesen ist.

Mineralstoffe, mannigfach im Salat enthalten, sind für den Aufbau und für die Funktion des Körpers unentbehrlich. Ohne ausreichende Mineralstoffzufuhr ist gesundes Leben nicht möglich. Manche Mineralstoffe haben für den Organismus eine lebenswichtige Funktion.

Sie bauen Knochen und Zähne auf und erhalten sie durch ständige Erneuerung funktionsfähig. Sie sind für die Druckverhältnisse des Bluts und anderer Körpersäfte verantwortlich. Sie schaffen bestimmte Löslichkeitsbedingungen und wirken zusammen mit den Vitaminen bei Stoffwechselvorgängen mit.

Wer regelmäßig Salat ißt, kommt so in den Genuß der meisten Mineralstoffe, entweder über die frischen Salate selbst oder über die Bestandteile der Salatsaucen.

Ballaststoffe sind natürliche Pflanzenfasern, die für eine gesunde Tätigkeit des Darmes förderlich sind. Der Salat ist einer der wichtigsten Ballaststofflieferanten neben Getreideprodukten.

Die wichtigsten Salate stellen sich vor

Chicorée: Der Ursprung des Chicorée ist die Zichorie oder Wegwarte, die man seit dem 17. Jahrhundert zur Herstellung von Kaffee-Ersatz aus ihrer Wurzel angebaut hat. Heute ist Chicorée aus der Salatküche nicht mehr wegzudenken. Guter Chicorée muß weiß bis gelblich aussehen. Grünlicher Chicorée schmeckt bitter. Bis zu einer Woche kann Chicorée im Kühlschrank aufbewahrt werden.

Vorbereitung: Unter fließendem Wasser waschen. Den Wurzelansatz einige Zentimeter breit abschneiden. Den bitteren Strunk herauslösen: Den Chicorée halbieren und den Strunk mit einem spitzen Messer zwei bis drei Zentimeter tief kegelförmig herausstechen. Für Salat wird Chicorée am besten in dünne Ringe geschnitten.

Chinakohl: Er ist genau der richtige Salat für Leute, die sich gesund ernähren wollen. Und da 100 g nur 16 Kalorien/67 Joule enthalten, ist er auch etwas für Schlankheitsbewußte. Dazu ist er reich an verdauungsfördernden Ballaststoffen, den Vitaminen A, B und C und an den Mineralstoffen Calcium, Kalium, Phosphor und Natrium. Im Gegensatz zu den mitteleuropäischen Kohlsorten ist er leicht verdaulich.

Die festen länglichen Kohlköpfe mit den dikken Blattrippen werden meistens in Folienbeuteln verpackt angeboten. Sie wiegen zwischen 300 g und 1 kg. Neben einer länglichen Sorte gibt es auch eine ovale mit geschmacklichem Unterschied, festerem Kopf und besseren Lagerfähigkeiten. Da Chinakohl meist küchenfertig geliefert wird und fast strunkfrei ist, gibt es kaum Abfall.

Vorbereitung: Man nimmt nur so viele Blätter ab, wie man für eine Mahlzeit benötigt. Den Rest kann man in einem Beutel im Gemüsefach des Kühlschranks bis zu 10 Tage aufbewahren. Zum Putzen werden die welken Blätter entfernt, der Kopf halbiert und die noch vorhandenen Reste von einem Strunk herausgeschnitten. Für die Salatzubereitung sollte man Chinakohl grundsätzlich in Streifen schneiden, was aber erst nach dem Waschen geschieht.

Eisbergsalat: So schwer wie drei Kopfsalate, aber noch knackiger ist Eisbergsalat, der auch Eissalat genannt wird und den man mittlerweile ganzjährig im Angebot findet. In Frische und Haltbarkeit ist er dem Kopfsalat weit überlegen. Frischer Eisbergsalat sieht aus wie ein lockerer Weißkohlkopf. Er hat dicht übereinanderliegende, krause und glänzende Blätter von gelbgrüner Farbe.

Vorbereitung: Eventuell die äußeren Blätter entfernen, den Kopf senkrecht in 4 Teile aufspalten, unter fließendem Wasser waschen, gut abtropfen lassen und entweder in Streifen schneiden oder als ganze Salatspalten mit der Sauce überziehen, wie es in der Heimat des Eisbergsalats, den USA, häufig gemacht wird. Im Gemüsefach des Kühlschranks bleibt er, auch angeschnitten, tagelang frisch, wenn man ihn in Klarsichtfolie einwickelt.

Endiviensalat: Endivien haben sich in den letzten Jahren von einem klassischen Wintersalat zu einem Ganzjahressalat entwickelt. Endivien mit glatten breiten Blättern, bei denen nur der Blattrand gezackt ist, werden auch als Eskariol bezeichnet. Seine Bitterstoffe machen ihn für den Magen sehr bekömmlich.

Kaufen Sie nur Salate mit knackigen Blättern. Sind sie welk oder haben sie braune Ränder, hat der Salat Vitamine verloren. Neuerdings gibt es eine Endiviensalat-Variante namens Frisée, die heller gefärbt ist.

Vorbereitung: Zuerst die unschönen Blätter entfernen. Dann den Salat im ganzen in reichlich kaltem Wasser drei- bis viermal waschen, gut abtropfen lassen, der Länge nach halbieren oder vierteln und anschließend in feine Streifen schneiden.

Feldsalat: Der Feldsalat, auch Ackersalat, Rapunzelsalat oder Nüßlisalat genannt, enthält Baldrianöl, das als nervenstärkend gilt. Sein

Kopfsalat wächst schnell und übersteht leichten Frost.
Der Wintersalat, der im Mai des nächsten Jahres geerntet werden soll, muß im August gesät werden.

Beliebte Salate und Salatgemüse auf einen Blick!

Oben links: Endiviensalat (Eskariol). Die in Streifen geschnittenen Endivienblätter dürfen gerne in der Salatsauce etwas ziehen; dies macht sie zarter.
Oben Mitte: Eisbergsalat läßt sich im Gemüsefach des Kühlschranks aufbewahren, wenn man nicht alle Blätter gleich verwendet.
Oben rechts: Friséesalat ist ein typischer Herbst- und Wintersalat. Besonders gut schmeckt er in der Kombination mit angebratenen Speckwürfeln.
Mitte links: Chinakohl kann gut mit anderen Salatzutaten, aber auch mit Früchten oder Fleisch kombiniert werden. Die Kohlblätter, die fast nicht nach Kohl schmecken, werden in dünne Streifen geschnitten.
Daneben: Chicorée sollte immer dunkel und kühl aufbewahrt werden. Der Keil am unteren Ende wird herausgeschnitten, um die leichte Bitterkeit zu mildern.
Mitte: Radicchio gehört wie Chicorée zur Familie der Zichoriengewächse. Er ist ganzjährig zu erhalten. Die roten Blätter sind mit weißen Adern durchzogen und schmecken angenehm bitter.
Tomaten setzen jedem Salat einen kleinen roten Farbtupfer auf.
Mitte rechts: Kopfsalat ist wohl der beliebteste Salat überhaupt. Er paßt zu den verschiedensten Salatsaucen, in die er erst kurz vor dem Servieren gegeben wird, da er sonst zusammenfällt.
Unten links: Gurken, Rettiche und Radieschen haben nichts an Beliebtheit verloren, obwohl immer neue Salate auf dem Markt zu finden sind.
Unten rechts: Feldsalat heißt auch Nüßli-, Acker- oder Rapunzelsalat. Unansehnliche Blätter werden entfernt, ebenso das Wurzelende. Die Pflänzchen selbst sollten nicht zerteilt werden.

Oben: Friséesalat ist eng mit dem Endiviensalat verwandt. Kennzeichnend sind die dünnen Rippen und die eingeschlitzten Blätter.
Rechts: Etwas bitter, dafür aber besonders knackig schmeckt der Endiviensalat.

Gehalt an Vitamin A und C übertrifft die übrigen Blattsalate. Mit einer großen Schüssel Feldsalat kann man fast den täglichen Eisenbedarf decken.

Beim Einkauf rechnet man pro Person 30 bis 50 g Feldsalat. Die Blätter müssen grün und frisch aussehen, und man sollte ihn möglichst rasch verbrauchen – höchstens bis zum nächsten Tag im Folienbeutel im Kühlschrank aufbewahren!

Vorbereitung: Welke und braune Blätter aussortieren. Sehr lange Stiele und kleine Wurzeln entfernen. In einer Schüssel mit kaltem Wasser gründlich waschen und gut abtropfen lassen.

Friséesalat: Man erkennt ihn an seinen feingezahnten Blättern. Die Größe entspricht ungefähr der des Kopfsalates. Die Blätter sind außen hellgrün und werden nach innen hin gelb bis weißlich. Er zeichnet sich durch einen leicht bitteren Geschmack aus. Wie viele Blattsalate ist er extrem kalorienarm.

Die Blätter im Innern sollten von leuchtender Frische sein und die äußeren Blätter fest am Kopf sitzen und nicht welk herunterhängen. Das Innere des Kopfes muß fast einer festen Verzahnung entsprechen.

Vorbereitung: Eventuell welke äußere Blätter entfernen, dann Blätter vom Strunk brechen, waschen und abtropfen lassen. Falls einzelne Blätter zu groß sind, sollten sie der Länge nach halbiert werden, kleinere Blätter läßt man in jedem Fall ganz. Man kann Friséesalat sehr gut mit anderen Blattsalaten kombinieren.

Kopfsalat: Wenn man von Salat spricht, meint man meist ihn, den Kopfsalat, den Salat schlechthin. Er ist besonders reich an Vitaminen und Mineralsalzen. Die äußeren, grünen Blätter enthalten die meisten Vitamine und Aufbaustoffe wie Kalk oder Eisen. Auch die Salatrippen sind wertvoll und sollten unbedingt mitgegessen werden.

Vorbereitung: Die Blätter vom Strunk lösen, die welken wegwerfen. Zwei- bis dreimal in einer Schüssel mit viel kaltem Wasser waschen. Abtropfen lassen oder, noch besser,

auf ein sauberes Küchentuch legen und mit einem zweiten Tuch abtupfen, wenn keine Salatschleuder vorhanden ist.

Radicchio: Radicchio ist mit dem Chicorée verwandt und wird deshalb auch mancherorts roter Chicorée genannt. Er hat rotviolette Blätter mit weißen Rippen. Sein Geschmack ist herzhaft bis bitter. Der bittere Geschmack des roten Salates beruht auf dem Inhaltsstoff Intybin, der günstig auf das Gefäßsystem wirken soll. Mit seiner roten Farbe bereichert er jedes Salatbuffet.

Vorbereitung: Welke Blätter entfernen, die Wurzelenden etwas abschneiden. In einer Schüssel mit kaltem Wasser waschen, mit einem Küchentuch trocknen. Die Blätter ablösen und im ganzen oder kleingeschnitten verarbeiten.

Rettich und Radieschen: Radieschen enthalten ebenso wie der Rettich ein scharf schmeckendes ätherisches Öl und haben auch einen hohen Kaliumgehalt. Außerdem enthalten sie relativ hohe Werte an Vitamin C. Man schreibt ihnen aufgrund der Inhaltsstoffe eine günstige Wirkung auf den Organismus zu.

Rettich muß fest und knackig sein. Wenn die Haut runzelig aussieht, ist er nicht mehr ganz frisch. Nicht länger als 3 Tage im Gemüsefach aufbewahren!

Frische Radieschen sind fest und glatt (nicht weich oder pelzig) und haben grüne, saftige Blätter. In diesem Zustand können Sie sie noch etwa 3 Tage im Kühlschrank aufbewahren: Blätter abschneiden und die Radieschen in eine Plastiktüte füllen, sonst werden sie rasch schrumpelig.

Vorbereitung: Rettich waschen, mit einem Sparschäler oder einem scharfen Küchenmesser dünn schälen, auf dem Gurkenhobel in feine Scheiben schneiden oder stifteln oder raspeln. In Bayern wird der Rettich mit einem besonderen Rettichschneider zur Spirale geschnitten.

Beim Radieschen werden Grün und Wurzel abgeschnitten. Dann das Radieschen waschen, in Scheiben schneiden oder vierteln.

Salatgurken: Die Gurke hat ihren festen Platz in der Salatküche gefunden, und das mit Recht, denn ihr erfrischender Geschmack und ihr Gesundheitswert sind ganz hervorragend. Beim Einkauf ist auf eine glatte, dunkelgrüne Schale zu achten, gelbliche Gurken sollte man nicht kaufen! Ebenso ist von Gurken abzuraten, die schon weiche Stellen aufweisen.

Vorbereitung: Es sollten alle Gurken geschält werden, z.B. mit einem Sparschäler. Rückstände von Spritzmitteln oder aus verschmutzter Luft könnten möglicherweise an der Schale sitzen (auch bei Treibhausgurken), und die lassen sich auch durch Waschen nicht vollständig entfernen. Nach dem Schälen halbieren, so daß man die Kerne bequem aus beiden Hälften, am besten mit einem Löffel, herausschaben kann.

Tomaten: Tomatenkauf ist fast Glückssache: Keine Handelsklasse gibt Auskunft darüber, ob die Tomaten süß und aromareich oder fade schmecken. Als Grundregel gilt, daß Freilandtomaten immer besser als die aus dem Treibhaus sind. Fleischtomaten sind oft aromatischer als die perfekt aussehenden runden Safttomaten. Man kann sie ohne Druckstellen bis zu 8 Tage an einem kühlen Platz aufbewahren, allerdings nicht im Kühlschrank, da ist es ihnen zu kalt. Angestoßene Tomaten sollten gleich aussortiert und verwendet werden!

Vorbereitung: Die Tomaten unzerteilt unter dem fließenden Wasser waschen. Eventuell die Haut abziehen, dann die Tomaten in Scheiben, Viertel oder Achtel schneiden. Für feine Salate die Tomaten immer enthäuten. Dazu an der Stielseite mit einem scharfen Messer über Kreuz einritzen, mit kochendem Wasser überbrühen und sofort kalt abschrekken. Die Haut abziehen. Wenn Sie nicht auf den Kernen herumbeißen wollen, die Tomaten vierteln und mit einem Löffel die Kernchen herausdrücken.

Die bekanntesten Tomatensorten sind:

Runde Tomaten: Sie sind meist sehr saftig, kernreich, aber nicht allzu aromareich und eignen sich für Suppen und als Gemüse.

Gerippte Tomaten: Sie sind viel größer als die runden Tomaten, fruchtiger und fleischiger. In den Mittelmeerländern werden sie bevorzugt angebaut, lassen sich aber auch bei uns immer mehr finden.

Flaschen-, Birnen- oder Eiertomaten: Sie werden meist in Italien angebaut. Die süße, mehlige Sorte ist dunkelrot.

Zucchini: Auch Zucchini werden immer mehr für die Salatzubereitung entdeckt. Ihr milder Geschmack macht sie zu einem beliebten Bestandteil verschiedener Salatmischungen. Sie sollten grün und fest sein und eine gleichmäßig glatte Schale aufweisen. Kleine Zucchinis sind zarter und feiner als große, gelbschalige sind überreif und schmecken nicht mehr.

Vorbereitung: Zucchinis nur waschen, nicht schälen. Anschließend den Stiel entfernen. Kleine Früchte in Scheiben schneiden, große Zucchini erst der Länge nach halbieren und dann in Scheiben schneiden.

Die bei uns nicht so bekannten Salatneulinge bringen Abwechslung und Farbe in die Salatschüssel. Folgende Salat„exoten" gewinnen immer mehr an Beliebtheit:

Bataviasalat ist weicher im Biß als der härtere Eisbergsalat. Er hat manchmal rote Blattspitzen und kann glatt oder gekräuselt auftreten.

Lollo rosso ist eine Kreuzung aus Batavia- und Eissalat. Im Geschmack liegt sie zwischen beiden Salaten. Die Neuzüchtung hat grünrote, gekrauste Blätter.

Eichblattsalat gehört zu den Pflücksalaten, die keine geschlossenen Köpfe bilden, sondern als Blattrosetten wachsen. Die Farbe der herbstlichen Eichenwälder bringt auch Farbe in die Salatschüssel.

Löwenzahn kommt neuerdings gezüchtet auf den Markt. Meist ist er etwas größer, länglicher und hat auch dunklere Blätter als der Wiesenvertreter.

Römischen Salat nennt man auch „Romana". Er hat einen kräftigen Geschmack, der sich besonders entfaltet, wenn man ihn gleich verwendet. Er sollte nur kurz im Gemüsefach des Kühlschranks aufbewahrt werden. In Italien kennt man für diesen Salat ähnliche Zubereitungsarten wie für Spinat.

Oben: Löwenzahn
Mitte links: Lollo rosso
Mitte rechts: Römischer Salat
Unten links: Bataviasalat
Unten rechts: Eichblattsalat

Vom richtigen Umgang mit Salat in der Küche

Gelangt der Salat auf seinem Weg vom Erzeuger noch einigermaßen frisch zum Konsumenten, so muß er auch in der Küche weiterhin richtig behandelt werden, soll er wirklich etwas für unsere Gesundheit tun. Am meisten gefährdet bei der Vorbereitung und Verarbeitung sind die wasserlöslichen Vitamine der B-Gruppe und das lebenswichtige Vitamin C. Aber auch die Mineralsalze gehen verloren, wenn bei der Verarbeitung der Salate und auch der frischen Kräuter nicht aufgepaßt wird.

Die wichtigsten Regeln für eine schonende Behandlung sollen helfen, dem Salat die Bedeutung zu erhalten, die ihm von der Natur für unsere Gesundheit gegeben wurde.

Salate waschen

Grundsätzlich sollte der Salat im Ganzen gewaschen und erst dann verlesen, geputzt und geschnitten werden. Das Waschen sollte mit Ausnahme von empfindlichem jungem Blattsalat unter einem Wasserstrahl oder in einer großen sauberen Salatschüssel erfolgen. Wer eine entsprechende Spüle mit zwei größeren Becken hat, kann auch dort den Waschvorgang vornehmen. Nur wenn der Salat nicht zerkleinert wird, behält er seine wasserlöslichen Vitamine und Mineralsalze.

Nun gibt es aber gerade bei Blattsalaten Probleme, weil man zum Beispiel einen Kopf grünen Salat kaum so waschen kann, daß nicht noch der Sand irgendwo zwischen den Blättern sitzt. Man darf in diesem Fall die Blätter vom Strunk brechen, muß sie aber ganz lassen und kann sie jetzt waschen. Solange der Strunk des Blattes nicht aufgeschnitten oder das Salatblatt nicht anderweitig beschädigt ist, bleiben die wasserlöslichen Vitamine und Mineralsalze in den Salatblättern enthalten, weil sie sich mehr in den Blattspitzen als im Strunk befinden. Gleiches gilt auch für andere Salate und vor allem auch für die verschiedenen Frisch- und Wildkräuter. Nach dem Waschen muß jeder Salat gut abtropfen oder mit einer Salatschleuder getrocknet werden, weil sich viel Wasser an den Blättern hält, was letztendlich jedes Dressing buchstäblich verwässert. Erst danach kann man, soweit erforderlich, den Salat mit gutem Gewissen weiter zerkleinern, zerpflücken oder schneiden.

Salate verarbeiten

Vitamin C, das in fast allen Salaten und Kräutern vorkommt, ist extrem sauerstoffempfindlich. Deshalb sollte man Salate, die zerkleinert werden, immer erst in allerletzter Minute verarbeiten. Je länger sie dem Sauerstoff ausgesetzt sind, desto größer ist der Vitamin-C-Verlust. Insbesondere Salate, die man für eine Rohkostspeise reibt oder raspelt, müssen nach der Verarbeitung sofort verzehrt werden, will man in den Genuß von Vitamin C kommen. Wer vorarbeitet, sollte zerkleinerte, zerpflückte, geriebene, gehackte, geraspelte Salate oder Kräuter sofort mit Frischhaltefolie abdecken, damit der Sauerstoff keine Angriffsfläche hat.

Eine gute Salatküche erkennt man unter anderem daran, daß der Salat immer erst kurz vor dem Verzehr angemacht wird. Außerdem verwendet man nur so viel Sauce oder Dressing, daß so gut wie kein Tropfen mehr in der Schüssel zurückbleibt. Salat, der zu früh angemacht wird, verliert an Aussehen und fällt sehr schnell zusammen. Mit jedem Tropfen Sauce, der in der Schüssel zurückbleibt, gehen auch wasserlösliche Vitamine und Mineralsalze verloren. Und es sieht einfach nicht gut aus, wenn der Salat „trieft“. Ausnahmen sind allerdings Salate, die ausdrücklich länger durchziehen sollen.

Das Anmachen hat immer in zwei Etappen zu erfolgen. Zuerst werden die eigentlichen Salatzutaten, aus denen die Kombination bestehen soll, vorsichtig miteinander vermischt.

Erst dann gibt man das Dressing unter die Mischung und macht den Salat damit an. Diese Reihenfolge hat den Vorteil, daß man auch bei länger andauerndem Mischen die zum Teil empfindlichen Zutaten nicht so leicht zerdrückt. Bei vorheriger Zugabe des Dressings würden sie durch die aufgenommene Flüssigkeit weicher und verletzlicher.

Salate lagern

Die wichtigsten Vitamine und Mineralstoffe sind licht- und wärmeempfindlich. Deswegen sollte man schon beim Einkauf, vor allem auf dem Markt, darauf achten, daß die Salate von einer Markise oder von einem Vordach oder Sonnenschirm vor Licht geschützt sind. Das Sonnenlicht und auch die sogar bei Bewölkung wirkenden UV-Strahlen können den Gesundheitswert des Salates stark herabsetzen.

Auch im Haushalt lagert man Salate dunkel und kühl, am besten im Gemüsefach des Kühlschranks. Bis maximal 14 °C verträgt die Frischkost ohne größere Beeinträchtigung. Küchen- oder gar Zimmertemperatur würde die Inhaltsstoffe des Salats mehr oder weniger vernichten. Wer einen kühlen, dunklen Gemüsekeller hat, kann natürlich auch dort den Salat lagern.

Kennzeichen der guten Salatküche

Zwar braucht man aus der Zubereitung von Salat nicht gleich eine eigene Küchenphilosophie zu machen, aber einige Fertigkeiten und Kenntnisse helfen mit, daß der fertige Salat wirklich zu einer Delikatesse wird. Neben ausreichendem Wissen zur Beurteilung der Ware beim Einkauf und zur sachgerechten Vorbereitung ist auch das Handwerkszeug wichtig, das in der Salatküche bereitstehen sollte. Es lohnt sich bestimmt, in verschiedene Gerätschaften, die vielleicht noch fehlen, zu investieren, weil die Arbeit dann leichter von der Hand geht und auch mehr Spaß macht. Betrachten Sie die folgenden Bemerkungen deshalb als Arbeitshilfe und Anregung und machen Sie in Ihrer Küche eine kritische Bestandsaufnahme, denn bevor Sie an die Zubereitung der köstlichen Salatrezepte gehen, sollten Sie die Voraussetzungen für ein gutes Gelingen schaffen.

Die **Salatschüssel** ist das wichtigste Gerät in der Salatküche. Sie sollte einen nach unten gewölbten Boden haben, denn nur in einer solchen Schüssel kann man die Salatzutaten gründlich miteinander und mit dem Dressing vermischen, wenn die Sauce immer wieder in die Mitte zurückläuft. Schüsseln mit flachem Boden und senkrechten Wänden sind für Salat weniger geeignet. Das Material der Schüssel ist weitgehend Geschmackssache. Glas, glasierte Keramik oder auch Kunststoff sind geeignet. Von Holzschüsseln ist abzuraten, da sie Aroma annehmen und in eventuellen Rissen auch Speisereste zurückbleiben, die jedes nachfolgende Dressing ranzig schmecken lassen können. Auf Emaille- oder Aluminiumschüsseln sollte man verzichten. Edelstahlschüsseln dagegen eignen sich ohne weiteres. Wird die Schüssel nicht nur zum Anmachen und Mischen, sondern auch zum Servieren verwendet, dann sollte sie am besten aus dekorativem Glas sein. Wichtiger als das Material aber ist die Größe Ihrer Salatschüssel, denn man kann zwar in einer großen Schüssel Salat für zwei Personen anmachen, aber niemals in einer kleinen Schüssel Salat für acht. Je größer die Schüssel ist, desto besser, weil man so schonender und gründlicher mischen kann.

Das **Salatbesteck** muß in Material und Ausführung zur gewählten Schüssel passen. Außerdem sollte es lange, jedoch nicht zu schwere Griffe haben. Glatte Formen lassen sich besser reinigen als verschnörkeltes Design. Holz als Material ist aus den oben schon genannten hygienischen Gründen weniger zu empfehlen. Beim Kauf eines Bestecks aus Kunststoff sollte man darauf achten, daß dieser hitzebeständig und spülmaschinenfest ist. Daß man ein schönes altes Besteck aus Horn, einem an sich sehr geeigneten Material, nicht in die Spülmaschine steckt, versteht sich von selbst, da es durch das scharfe Spülmittel ausgelaugt und zunächst blind, dann rissig würde.

Die **Salatschleuder** ist ein unentbehrliches Requisit in der guten Salatküche. Als Hauptregel für die Zubereitung von Blattsalaten gilt das sorgfältige Trocknen der Blätter nach dem Waschen. Dazu sollte man sich eine sogenannte Salatschleuder anschaffen, die es von verschiedenen Herstellern in unterschiedlichen Ausführungen gibt. Das Ausschleudern des Salats in den dafür angebotenen Drehkörben ist nicht sehr effektiv – vor allem wird aber die Küche naß!

Die **Küchenmesser** überhaupt, insbesondere aber die **Salatmesser** sollten von bester Qualität sein, denn man kann sich damit die Arbeit sehr erleichtern. Unbedingt erforderlich sind zwei kleine Gemüsemesser, wovon das eine eine leicht gebogene, das andere eine gerade Klinge haben sollte. Zum Schneiden verschiedener Salatzutaten brauchen wir ein großes, langes Schneidemesser und außerdem ein Sägemesser für Salatzutaten, die als besonders druckempfindlich gelten. Außerdem braucht man ein Sparschälmesser, mit dem es sich ganz dünn abschälen läßt und das man auch für Arbeiten beim Garnieren, Dekorieren und Verzieren verwenden kann. Wer viele Kräuter verarbeitet und keine elektrische Küchenhilfe hat, braucht zudem noch ein Wiegemesser, am besten gleich mit einer Doppelklinge.

Schneidebretter sollte man mindestens zwei haben, und zwar in verschiedenen Größen. Es gibt zwar heute noch Schneidebretter aus Holz, aber diejenigen aus Kunststoff sind eher zu empfehlen, weil sie einfach besser zu reinigen und damit hygienischer sind. Holzbretter haben auch den Nachteil, daß sie den beim Schneiden von Kräutern austretenden Saft sofort aufsaugen. Beim Schneiden auf einer Marmorplatte dagegen verliert ein Messer schnell seine Schärfe.

Diese nützlichen Helfer machen die Zubereitung von Salat zu einem einzigen Vergnügen. Auch in der Salatküche kann man sich die Arbeit durch das richtige Handwerkszeug bedeutend erleichtern.

Oel
Salz
Essig

Gemüsehobel und **Rohkostreibe** haben ihren festen Platz in der Salatküche. In vielen Haushalten findet man sie in Form eines Ständers mit auswechselbaren Einsätzen. Doch als Gemüsehobel hat diese Art den Nachteil, daß man die stumpf gewordene Klinge nicht nachschleifen kann. Insofern sind die herkömmlichen flachen Hobel zweckmäßiger.

Auch eine **Saftpresse** sollte nicht fehlen. Es gibt eine Vielzahl verschiedener Modelle, von der einfachen Handpresse aus Kunststoff bis zur elektrischen Saftpresse, die echten Komfort bieten. Ein Vorteil ist, wenn über einem dazugehörenden Sieb die Kerne abgefangen werden können.

Eines oder mehrere **Haarsiebe** sind eigentlich notwendiges Inventar in jeder Küche. Doch gerade in der Salatküche sind sie unabdingbar, weil man damit sowohl passieren als auch abtropfen lassen kann.

Wer keinen Handmixer oder ein elektrisches Rührgerät besitzt, braucht zum Anrühren der Salatsaucen mindestens zwei **Schneebesen** in unterschiedlichen Größen. Die längste Lebensdauer haben Schneebesen aus Edelstahl oder Cromargan.

Garnierwerkzeug. Darunter versteht man ein sogenanntes Buntmesser, mit dem man „bunte“ Karotten und Gurken, aber auch Butter wellenförmig verziert. Außerdem ist ein Eierschneider zu empfehlen, ebenso eine Küchenschere, die geschmiedet sein sollte, weil man sie dann nachschleifen lassen kann, und ein Ausstecher, mit dem man Kartoffeln, Melonen und andere Salatzutaten zu kleinen Bällchen formen kann.

Menagen sind dann wichtig, wenn man den Salat zwar anrichtet, aber noch nicht angemacht serviert, wie dies in südlichen Ländern üblich ist. Es gibt sie in den unterschiedlichsten Ausführungen, von modern bis nostalgisch, in allen Preisgruppen. Bei den Karaffen für Essig und Öl ist darauf zu achten, daß man mit ihnen gut ausgießen und die Flüssigkeitsmenge dosieren kann. Weil nur frisch gemahlener Pfeffer wirklich aromatisch ist, darf auch eine Pfeffermühle in unserer Aufzählung nicht fehlen. Perfekt eingerichtet ist man, wenn man für jede Pfefferart eine extra Mühle besitzt. Bei der Mühle kommt es weniger auf das Aussehen an als darauf, daß die Pfeffermühle gleichmäßig mahlt. Das Salzfaß gehört auch zu unserer Liste, wenngleich der Salat durch seinen hohen Anteil an Mineralsalzen nur sehr vorsichtig gesalzen werden sollte.

Serviergeschirr wählen Sie danach aus, ob der Salat als Vorspeise, Zwischenmahlzeit oder als Hauptgericht gereicht werden soll. Am schönsten serviert wird der Salat als Vorspeise in Sektschalen, so wird er auch optisch zu einem gelungenen Auftakt des Menüs. Als Zwischenmahlzeit oder als Beilage paßt er gut auf große Teller, und als Hauptgericht wirkt er am schönsten in Glaskelchen.

Die wichtigsten Salatbegleiter

Außer den Hauptzutaten des Salats vor allem aus Frischkost ist noch einiges vonnöten, was als Bestandteil der Salatsaucen selbst in unterschiedlichsten Rezepturen immer wieder auftaucht. Wenn auch die Wahl der einen oder der anderen Sorte letztlich Geschmackssache ist, sollte man an der Qualität grundsätzlich keine Abstriche machen, denn die Güte jeder einzelnen Zutat läßt erst den ganzen Salat gut schmecken und trägt darüber hinaus auch zu Wohlbefinden und Gesundheit der Esser bei. Die wichtigsten Salatbegleiter wie Essig, Öl und Gewürze werden hier vorgestellt.

Essig

gibt es schon seit vielen tausend Jahren. Wer allerdings als erster auf die Idee kam, sauer gewordenen, also in Essig umgeschlagenen Wein als Würze für Speisen zu nutzen, ist im

Neben Zitronensaft sorgt der Essig für die feine Schärfe der Salatsauce. Welche Sorte Sie wählen, hängt vom individuellen Geschmack der jeweiligen Zutaten ab. Das Prinzip der Essigherstellung ist immer dasselbe geblieben. Aus Alkohol entsteht unter dem Einfluß von Sauerstoff und Essigsäurebakterien Essig. Früher ließ man Wein offen stehen, bis er sich in Essig verwandelt hatte. Heute geht dieser Vorgang in den Essigbrauereien schneller. Bis der Essig in den Handel kommt, muß er einige Zeit ruhen, damit er voll ausreift.
Rechts neben dem Obstessig eine Essig„mutter", die immer wieder zur Essigherstellung verwendet werden kann: sie läßt sich sogar teilen! Essig„mutter" bildet sich auf Wein, den man an der Luft stehen läßt und in dem sich bereits Essigbakterien gebildet haben. Die zähe, geleeartige Masse besteht aus unzähligen Essigbakterien. Legt man Teile der Essig„mutter" in leicht verdünnten Wein, kann innerhalb von nur 3 Wochen wiederum Essig produziert werden.

dunkeln verborgen. Tatsache aber ist, daß bereits vor langer Zeit Essig für die Ernährung eingesetzt wurde. Als Erfrischungsgetränk reichte man ihn mit viel Wasser vermischt. Bei den römischen Legionären erfreute sich ein milder Essig namens *posca* besonderer Beliebtheit. Essig half zudem, Fisch, Fleisch, Gemüse und Früchte zu konservieren, und diente auch zur Schönheitspflege. Im Mittelalter galt besonders Kräuteressig aus eigener Herstellung als unfehlbares Mittel gegen Pestilenz, Schlaflosigkeit, aber auch gegen schlechte Laune. Mancher Aberglaube war mit Essig verknüpft. Wer große Schulden hatte, versuchte, mit einer Mischung aus Zukker und Essig schnell Abhilfe zu schaffen. Leider ist das Rezept, das manchem vielleicht auch heute noch dienen könnte, nicht genauer überliefert.

Die Herstellung des vielseitigen Stoffes war allerdings damals etwas komplizierter als heute. Mit der industriellen Fertigung von Essig begann man erst im vorigen Jahrhundert. „Essig verdünnt das Blut", so glaubten unsere Großmütter, eine Behauptung, von der wir heute wissen, was davon zu halten ist, nämlich nichts. Die moderne Wissenschaft belegt einwandfrei den Wert des Essigs für die menschliche Ernährung und hier vor allem für den Stoffwechsel. Man weiß heute längst, daß die säuerliche Würze des Essigs, die Essigsäure, appetitanregend wirkt, die Verdauung und damit die Verwertung des Essens fördert. Essigsäure wurde als lebensnotwendig für den Organismus erkannt. Für den Abbau von Fetten, Kohlehydraten und für den Umsatz von Eiweißstoffen ist Essigsäure ein Zwischenglied, das sogar laufend vom Körper selbst produziert wird.

Ganz gleich, woraus und wie ein Essig hergestellt wird, das Saure in ihm ist stets die gleiche Substanz, nämlich die Essigsäure. Obwohl es sehr viele Essige gibt, unterteilt man sie nach der Herstellungsart in nur zwei Arten, zum einen die Gärungsessige und zum anderen den Essig aus Essig-Essenz. Beim Gärungsessig entsteht die Essigsäure durch das Vergären von verdünntem Alkohol oder Wein mit Hilfe der sogenannten Essigbakterien. Bei der Essig-Essenz gewinnt man die Essigsäure entweder aus dem natürlichen Rohstoff Holz, oder indem man die Elemente Kohlenstoff, Wasserstoff und Sauerstoff zu Essigsäure „verknüpft".

Weil Essig ein so alltägliches Produkt ist, macht man sich kaum Gedanken darüber, was Essig eigentlich ist und welche Unterschiede es gibt. Um hier Klarheit zu schaffen, wurde sogar eigens eine Essig-Verordnung im Jahre 1972 erlassen, die unter anderem folgendes aussagt: „Bei Essig, hergestellt entweder nach dem Gärungsverfahren oder durch Verdünnen von Essigsäure oder Essig-Essenz, muß der Säureanteil mindestens 5 Prozent betragen."

Zu den verschiedenen Essig-Arten gibt es Vorschriften über Säuregehalt und Kennzeichnung: Wir unterscheiden zwischen Branntweinessig, Weinessig, Wein-Branntweinessig, Obstessig und Essig-Essenz.

Branntweinessig ist der übliche Essig, der durch die Vergärung von verdünntem Alkohol, aus Branntwein, hergestellt wird. Als Kräuteressig bezeichnet man einen Branntweinessig, der durch die Zugabe von Kräutern beziehungsweise Kräuterauszügen eine entsprechende Geschmacksnote erhält. Der Mindestsäuregehalt ist für beide Sorten gleich und beträgt 5 Prozent.

Was **Weinessig** ist, wird nicht durch die Essig-Verordnung, sondern durch das Weingesetz geregelt. Danach darf diese Bezeichnung nur für Essig gebraucht werden, der ausschließlich aus Traubenwein hergestellt worden ist. Echter Weinessig hat in Deutschland nur einen geringen Marktanteil. Er kommt hauptsächlich aus Italien und Frankreich zu uns und wird in der Regel aus Rotwein und Roséwein, in seltenen Fällen auch aus Weißwein gewonnen. Der Mindestsäuregehalt für echte Weinessige beträgt 6 Prozent.

Wein-Branntweinessig ist ein Verschnitt aus Weinessig und Branntweinessig, wobei der Anteil des Weinessigs in der Regel nur 25 bis 33 Prozent beträgt. Die frühere Bezeichnung für diesen Essig-Verschnitt lautete viele Jahre lang etwas irreführend „Weinessig 20 v. H. Weinessig". Der Mindestsäuregehalt für diesen Essigverschnitt beträgt 5 Prozent.

Obstessig darf nur ein Essig heißen, der aus Obstwein im Gärungsverfahren hergestellt wurde. In Deutschland war Obstessig fast ausschließlich Apfelessig, wird aber immer mehr auch aus Birnen, Kirschen, Beeren und anderen Früchten gewonnen. Er ist wegen seines frischen Aromas und seiner gesundheitsfördernden Nebenwirkungen sehr geschätzt. Sein Mindestsäuregehalt beträgt 5 Prozent.

Zwischen **Essig-Essenz** und **Gärungsessig** bestehen prinzipielle Unterschiede: Der handelsübliche Gärungsessig enthält in der Regel 5 Prozent Essigsäure und Wasser. Dem Konsumenten stehen viele verschiedene Gärungsessige zur Verfügung. Sie enthalten fast alle, auch wenn sie nicht zusätzlich mit Aromaträgern versehen wurden, Rückstände aus dem Gärungsverfahren, die den artspezifischen Eigengeschmack der Gärungsessige hervorrufen. Essig-Essenz hat nach der Essig-Verordnung einen Säureanteil zwischen 15 und 25 Prozent, wobei die guten Sorten auf 25 Prozent Säureanteil abgestellt sind. Man kann aus Essig-Essenz durch Verdünnen und Versetzen mit Aromaträgern verschiedene Spezialessige selbst ansetzen. Essig-Essenz ist absolut rein, im Geschmack neutralsauer und unbegrenzt haltbar.

Auch wenn man sagt, daß man dem Salat Saures geben soll, kommt es gerade beim Essig auf die Dosierung und die fachgerechte Verarbeitung an. Essig gehört in die Hand geiziger Köche, sagen die Franzosen, weil er nun einmal sehr intensiv im Geschmack ist.

Nichts ist leichter, als aus einem gewöhnlichen Essig einen Essig mit Geschmack zu machen. Man gibt aromatische Zutaten wie frische Küchenkräuter, Beeren, Gewürze und Fruchtschalen in ein Gefäß, gießt Essig oder verdünnte Essig-Essenz darüber und wartet das Ergebnis in Ruhe ab. Der Essig oder die verdünnte Essig-Essenz lösen die Aromastoffe und werden im Eigengeschmack durch dieses Verfahren noch etwas milder. Hier einige Tips, wie man Würz-Essige für die Salatküche herstellen kann:

In Essig läßt sich der Duft von frischen Küchenkräutern für lange Zeit erhalten. Deswegen nimmt man, im Gegensatz zum Würzöl, für **Kräuteressig** nur frische Kräuter, die möglichst nicht durch andere Gewürze ergänzt werden sollten. Drei Anwendungen sind zu empfehlen, um das Kräuteraroma in die Essigflasche zu bringen:

1. Die gewaschenen und verlesenen Kräuterzweige im Ganzen in eine saubere Flasche geben, mit dem Essig auffüllen und gut verschlossen vor dem Gebrauch einige Zeit lagern. Nach diesem Verfahren kann man sich seinen speziellen Kräuteressig herstellen.
2. Die frischen Zutaten auspressen und den so gewonnenen Extrakt dem Essig oder der verdünnten Essig-Essenz zusetzen. Dieses Verfahren ist für die Herstellung von Knoblauch- oder Zwiebelessig besonders zu empfehlen.
3. Kräuter und Essig beziehungsweise verdünnte Essig-Essenz einige Zeit verschlossen in sauberen Schüsseln ziehen lassen, ehe man den Kräuterauszug filtriert und in Flaschen abfüllt.

Der hausgemachte Essig kann gestreckt werden, wenn die Kräuterzweige noch in der Flasche sind. Nach Verbrauch werden die Kräuter nochmals zur Abgabe ihres Aromas genutzt, indem man sie erneut mit Essig übergießt. Man muß aber darauf achten, daß die Zweige immer von Essig bedeckt sind.

Wer einen Würzessig aus Beeren, Früchten, Nüssen oder Fruchtschalen herstellen will, muß diese zunächst sorgfältig waschen, verlesen und darauf achten, daß nur einwandfreie Zutaten verarbeitet werden. Danach gibt man sie in ein gut verschließbares, sauberes Glasgefaß und füllt mit Essig oder mit verdünnter Essig-Essenz auf. Die Mischung muß mindestens zwei Wochen ziehen und sollte jeden Tag einmal kurz durchgeschüttelt werden. Danach wird sie durch ein sauberes Tuch gefiltert und in die eigentliche Essigflasche abgefüllt. Das Verhältnis von Grundmaterial und Essig sollte bei Beeren- oder Fruchtessig

Raute
Estragon
Rosmarin
Thymian
Salbei
Zitronenmelisse
Bohnenkraut
Majoran
Blattpetersilie

Dill
Sauerampfer
etersilie,
raus
Schnittlauch
Tripmadam
Minzen
Basilikum
Kerbel
Pimpinelle

Auf der vorigen Doppelseite sind die beliebtesten Salatkräuter zusammengestellt, die dem Salat sein besonderes Aroma verleihen.
Oben: Eine Auswahl an feinen Ölen.

500 g Beeren oder Früchte und 1/2 Liter Essig beziehungsweise verdünnte Essig-Essenz betragen, was dann etwa einem 3/4 Liter Würzessig entspricht (es handelt sich um Durchschnittswerte); bei Fruchtschalenessig etwa die Schalen von zwei Früchten und 1/2 Liter Essig beziehungsweise verdünnte Essig-Essenz, was etwa 1/2 Liter Würzessig entspricht; bei Würzessig mit Nüssen rechnet man 100 g der jeweiligen Sorte auf 1/2 Liter Essig oder verdünnte Essig-Essenz, was dann etwa 1/2 Liter Essigmischung entspricht. Essig oder mit Essig zubereitete Speisen sollten niemals in Gefäßen aus Zink oder Kupfer aufbewahrt werden. Durch die Verbindung von Metall mit der Säure entstehen schädliche Salze, welche die Speisen ungenießbar, wenn nicht sogar giftig machen. Essig ist in der Regel bis zu einem Jahr haltbar, wenn er angebrochen ist. Voraussetzung ist allerdings, daß er dunkel aufbewahrt wird. Bei selbsthergestellten Essigmischungen ist die Haltbarkeit in der Regel sehr verkürzt.

Salatöle

Als zweiter wichtiger Begleiter des Salats ist das Öl zu nennen. Der Konsument kann heute unter einer Vielzahl von Salatölen wählen, und wer Speiseöl einkauft, hat die Qual der Wahl. In Farbe und Konsistenz weisen die meisten Öle zwar keine Unterschiede auf, doch in der Zusammensetzung und im Geschmack unterscheiden sich die einzelnen Öle stark.

Gutes Speiseöl ist ein wesentlicher Bestandteil einer gesunden Ernährung, denn im Gegensatz zu tierischen Fetten sind manche Speiseöle wie Sonnenblumen-, Mais- und Rapsöl besonders reich an mehrfach ungesättigten Fettsäuren. Eine von ihnen, nämlich die Linolsäure, ist äußerst wichtig für den menschlichen Organismus. Sie kann nicht vom Körper selbst gebildet werden und muß deswegen täglich in der Nahrung enthalten sein. Weil aber die wertvollen ungesättigten Fettsäuren sehr hitzeempfindlich sind, sollte man Speiseöl, das einen hohen Anteil davon hat, vorzugsweise als Salatöl verwenden. Die meisten angebotenen Speiseöle sind raffiniert worden, das heißt, nachdem Früchte oder Samen ausgepreßt worden sind, wird das gewonnene Öl noch gereinigt. Dabei entsteht in verschiedenen Vorgängen ein geschmacksneutrales und geruchloses Öl. Ob raffiniert oder kaltgepreßt, die wertvollen ungesättigten Fettsäuren sind in beiden Herstellungsarten gleichermaßen erhalten geblieben. Auf Speiseöle, die lediglich als „Speiseöl", „Tafel-", „Koch-", „Back-" oder „Mischöl" angeboten werden, sollte man besser verzichten, auch wenn sie meist billiger sind. Nachfolgend ein kurzes Porträt der Öle, die auch bei der Salatzubereitung ihren festen Platz haben. Für welche Sorte man sich letztendlich entscheidet, ist aber immer auch eine Geschmacksfrage.

Sojaöl wird aus der Sojabohne gepreßt und ist ein raffiniertes Öl mit einem Anteil von immerhin rund 54 Prozent an mehrfach ungesättigten Fettsäuren.

Sonnenblumenöl wird aus den Samen der Sonnenblume gewonnen und ist klar-gelb mit einem sehr angenehmen Geschmack. Der Anteil von rund 65 Prozent mehrfach ungesättigter Fettsäuren macht es besonders wertvoll.

Maiskeimöl wird aus den Keimlingen der Maiskörner hergestellt. Es hat eine hellgelbe Farbe und kann für fast jede Salatzubereitung verwendet werden.

Weizenkeimöl mit seinem typischen, getreideähnlichen Geschmack und seiner goldgelben Farbe ist sehr vitaminreich und außerordentlich bekömmlich.

Leinöl wird aus Leinsamen gewonnen und hat eine goldgelbe bis gelbbraune Farbe. Es enthält wie alle hier aufgeführten Speiseöle Vitamin E, das auch als sogenannter Schutzstoff fungiert, indem es den Sauerstoff der Luft bindet, bevor dieser die lebenswichtigen Fettsäuren angreifen kann. Der Anteil an mehrfach ungesättigten Fettsäuren beträgt bei Leinöl fast 70 Prozent. Leinöl hat eine wesentlich kürzere Aufbewahrungszeit als die anderen Öle. Es hält sich in guter Qualität ungefähr 10 Wochen. Danach wird es sehr schnell ungenießbar.

Aus Oliven wird seit über 3500 Jahren im Mittelmeerraum Öl hergestellt. Die Abbildung aus dem Hausbuch der italienischen Familie Cerruti zeigt die Anlieferung von Oliven zur Ölgewinnung (Ende des 14. Jahrhunderts).

Olivenöl ist wegen seines angenehmen Geschmacks ideal für die Salatküche. Doch es sollte immer die Güteklasse „extra" oder „fein" gewählt werden, denn alle anderen Sorten eignen sich nur bedingt für Salate.

Erdnußöl wird aus der Erdnuß, einem der vielseitigsten Ölrohprodukte, gewonnen und ist schwach gelb, sein Geschmack sehr mild.

Walnuß- und **Traubenkernöl** sind beide geschmacklich sehr gut, werden aber leicht ranzig. Deshalb sollte man sie schnell verwenden. Es empfiehlt sich wegen ihres intensiven Geschmacks, diese Öle immer nur mit einem neutralen und keinem Würzessig zu mischen.

Distelöl wird aus der Färberdistel gepreßt und hat mit 75 Prozent den höchsten Anteil an mehrfach ungesättigten Fettsäuren.

Wegen des Eigengeschmacks sollte man alle Öle in der Salatküche erst dann verwenden, wenn man geprüft hat, ob man diese Geschmacksrichtung überhaupt mag.

Gutes Speiseöl hält sich mindestens ein halbes, meist sogar ein ganzes Jahr, wenn es vorher nicht schon zu lange beim Händler gelegen hat. Wichtig ist, daß Sie den Verschluß immer gut sauberwischen, bevor er aufgedrückt oder zugedreht wird.

Das Speiseöl sollte immer vor Licht geschützt und nach Gebrauch sofort wieder dunkel aufbewahrt werden, möglichst bei Temperaturen um plus 10° C. Einzige Ausnahme ist das Olivenöl, das im Kühlen dickflüssig und trübe wird und deshalb besser im normalen Vorratsschrank aufbewahrt wird. Speiseöl in Dosen oder dunkel gefärbten Flaschen ist am besten vor Licht geschützt. Das sollte man schon beim Einkauf berücksichtigen.

Auch wenn man sich von der Optik gerne verleiten läßt: Kräuteröle sind nichts für eine gute Salatküche, sie sind in erster Linie für das Grillen und Braten gedacht. Die Aromaübertragung von Frischkräutern überläßt man besser dem Essig, denn frische Küchenkräuter würden das Salatöl ranzig machen.

Aus Essig und Öl wird die wichtigste und berühmteste Salatsauce, die wir kennen, zubereitet. Sie paßt zu jeder Salatkombination, die sich aus ausschließlich frischen Salaten zusammensetzt: Es ist die **Vinaigrette**. Das folgende Rezept läßt sich auf verschiedene Arten erweitern und immer wieder je nach Zutaten verändern.

2 EL Essig werden mit etwas Salz so lange in einer Schüssel mit einem Schneebesen ver-

rührt, bis sich das Salz aufgelöst hat. 3 EL Salatöl werden tropfenweise eingerührt, und es wird so lange weitergerührt, bis sich die Zutaten miteinander verbunden haben und die Sauce cremig geworden ist. Mit Pfeffer aus der Mühle würzen – und schon ist eine köstliche Sauce fertig!

Nach Wunsch kann die Vinaigrette abgewandelt werden:

mit feingehackten Zwiebeln, Schalotten oder Frühlingszwiebeln mit ihrem zarten Grün; mit einer Knoblauchzehe, die man geschält, ganz fein geschnitten und mit ein wenig Salz vollständig zerrieben hat; mit frischen, feingehackten Kräutern; mit etwas Zitronensaft; mit verschiedenen Senfsorten, wobei besonders gut scharfer Senf paßt; mit einem Schuß Sekt, etwas Wein oder sogar einigen Tropfen Weinbrand.

Diese Salatsauce kann man auch für einige Tage auf Vorrat zubereiten, in eine Flasche oder ein Glas mit Schraubverschluß füllen und immer nur so viel verwenden, wie man gerade braucht. Im Kühlschrank aufbewahren und vor Gebrauch gut schütteln.

Gewürze regen den Kreislauf an, und ein gut funktionierender Kreislauf unterstützt die gesamte Stoffwechsel- und Verdauungsarbeit im menschlichen Körper. Natürlich hat jeder seine Spezialgewürze, und auch in den Rezepten dieses Buches ist man damit keineswegs sparsam umgegangen, denn Gewürze heben die Lust am Essen. Wer genußvoll ißt, gilt in der Regel auch als zufriedener Mensch. Einige wichtige Regeln im Umgang mit den gängigsten Salatgewürzen sollte man beachten:

Mit dem **Salz** sollte man eher sparsam umgehen. Auch in der Salatküche möglichst Schonsalze verwenden, die kein Natrium enthalten oder in denen der Natriumgehalt reduziert wurde. Schonsalze sind mit echten und wichtigen Mineralien angereichert worden, wie zum Beispiel mit Kalium oder Jod. Bei vielen Menschen besteht ja ein Jodmangel, der so ausgeglichen werden kann. Diese Salze haben eine gute Würzkraft und lassen das natriumhaltige Kochsalz schnell vergessen.

Mit der Schärfe darf großzügiger umgegangen werden als mit Salz. Ob Sie nun Cayennepfeffer, Pfeffersauce, Pfefferschoten, Pfeffer aus der Mühle, Paprika oder Curry verwenden, der Scharfstoff erzeugt Wohlbefinden dadurch, daß sich die Herzleistung erhöht, ohne den Puls zu beschleunigen. Die Durchblutung wird gefördert, und die Schärfe schadet einem gesunden Magen nicht. Vorsicht ist allerdings geboten bei akuten Magenleiden wie Magengeschwüren oder auch Gastritis.

Der Salat, egal um welche Sorte es sich handelt, hat neben Essig und Öl noch einige Partner, die wir in unserer Aufzählung nicht vergessen dürfen:

So ist **Senf** die Grundlage vieler Salatsaucen. Aber nicht jeder Senf ist gleich gut geeignet. Zum Beispiel sollte man auf die Verwendung von süßem Senf verzichten oder ihn höchstens für Kartoffelsalat einsetzen. Ideal ist scharfer Senf, unter anderem die würzigscharfen französischen Senfqualitäten. Spezielle Sorten wie Zitronen-, Kräuter-, Meerrettich- oder Früchtesenf können jeder Salatsauce eine besondere Note geben.

Nicht immer hat man Zeit, für einen Salat ein spezielles Dressing anzurühren. Im Handel werden aber heute die verschiedensten Variationen an fertigen Salatsaucen angeboten, die man mit eigenen Ideen leicht verfeinern kann. Auch wenn überraschender Besuch kommt, ist es gut, verschiedene Saucen auf Vorrat im Haus zu haben, weil dann die Abwandlung in eigene Geschmacksrichtungen kein Problem mehr ist. Selbstverständlich können die im Rezeptteil beschriebenen Saucen auch andere Salate begleiten: Warum nicht die Phantasie walten lassen und etwas Neues probieren?

Die **Mayonnaise** ist eine geeignete Grundlage für die verschiedensten Salatdressings. Kenner rühren die Mayonnaise selbst an. Doch man kann auch eine fertig gekaufte durch raffiniertes Würzen so verfeinern, daß keiner mehr das Fertigprodukt herausschmeckt. Deshalb sollte immer Mayonnaise in der Salatküche bereitstehen.

Mayonnaise

Diese Zutaten brauchen Sie für 6 Personen:

3 Eigelb, 1/4 TL Salz, 1 1/2 TL Senf, weißer Pfeffer, 3 TL Zitronensaft, 3/8 Liter Öl

Damit sich die Zutaten gut miteinander verbinden, sollten sie unbedingt die gleiche Temperatur haben, am besten Zimmertemperatur. Also die Eier rechtzeitig aus dem Kühlschrank nehmen!

Eigelb, Salz und Senf in eine Schüssel geben und mit dem Schneebesen schaumig rühren. Frisch gemahlenen Pfeffer und Zitronensaft zugeben. Dann das Öl unter ständigem Rühren zunächst nur tropfenweise zugeben. Wenn das Öl zu einem Drittel verbraucht ist, kann der Rest des Öls in dünnem Strahl untergerührt werden. Wichtig ist, daß ständig gerührt wird! Abschmecken und beliebig würzen.

Wenn Mayonnaise im Zug der „leichteren" Ernährung etwas außer Mode gekommen ist, ist sie doch immer noch unentbehrlicher Bestandteil vieler Salatrezepte. Wem Mayonnaise zu kompakt als Salatdressing ist, kann sie jederzeit mit Sahne oder Crème fraîche „verdünnen".

Sonnen-

Die besten Salatsaucen

Eine alte Küchenweisheit, die aber immer noch gilt, besagt, daß zur Herstellung einer guten Salatsauce fünf Personen erforderlich sind. Man braucht jemanden, der sich mit Kräutern beschäftigt: Das ist der Geduldige. Man braucht jemanden, der sich mit dem Öl beschäftigt: Das ist der Verschwender. Man braucht jemanden, der den Essig abmißt: Das ist der Geizhals. Man braucht außerdem einen Weisen, der das Salz zugibt, und jemanden, der alles mischt: Das ist der Narr! In jedem Fall lohnt es sich, besondere Sorgfalt auf das Abwägen und Mischen der Zutaten zu legen, worauf das Sprichwort anspielt. Wer es gewohnt ist, regelmäßig für viele Salat anzumachen, weiß, wie schwierig es ist, jedermanns Geschmack gerecht zu werden, worauf der erste Teil der Spruchweisheit eingeht. So mag nicht jeder Kräuter oder gar Zucker im Salat, doch besonders die Zugabe von Essig und Öl im „richtigen" Verhältnis erhitzt die Gemüter. Deshalb erscheint uns auch die Strafe als zu grausam, die der Verfasser des „Appetitlexikons" aus dem vorigen Jahrhundert vorschlägt. Wer zuviel Essig nimmt, sollte mit einem Mühlstein um den Hals in der Salatbrühe ertränkt werden, „dort, wo sie am tiefsten und allersauersten ist". Wieviel weiser (und ungefährlicher) ist da die italienische Art, Salat erst am Tisch anzumachen!

Auch in der Salatküche schmeckt nicht jedem dasselbe gleich gut. Dies gilt hauptsächlich für die einzelnen Salatsaucen, Marinaden oder Dressings. Bevor wir zum Rezeptteil kommen, werden an dieser Stelle einige Grundsaucen beschrieben, von denen manche zu den „Klassikern" gehören und andere wiederum echte Neuheiten sind. Vor allem bei den sogenannten kombinierten Salaten, die neben frischem Salat auch aus Fleisch, Fisch, Wild, Geflügel, Nudeln, Reis oder Pilzen bestehen, ist es gut, unter einigen Zutatenmischungen wählen zu können, schließlich liegt auch bei der Salatzubereitung der Genuß in der Variation. Um Ihnen eine kleine Orientierungshilfe zu geben, folgen jedem Rezept Anwendungsempfehlungen, die aber nicht bindend, sondern vom individuellen Geschmack abhängig sind.

Ebenso verschieden sind die Geschmacksvorlieben, was die Anreicherung der Salatsauce mit Würzkräutern anbelangt. Jahrzehntelang waren Petersilie und Schnittlauch die großen Stars in unseren Küchen. Feinschmecker aber wissen: Für jedes Gericht, für jeden Salat ist ein anderes würziges Kraut gewachsen. In der guten Salatküche werden die Kräuter verwendet, die auch für den rohen Verzehr geeignet sind, aber dem jeweiligen Salat eine von der Natur gegebene Würze geben und eine Geschmacksbereicherung darstellen. Frische Kräuter verfeinern die Salatsaucen und geben dem Gericht einen eigenen Charakter. Das jeweils typische Aroma erhalten sie durch ätherische Öle, und durch ihren Reichtum an Vitaminen und Mineralstoffen tragen sie zu einer gesunden Ernährung bei. Außerdem geben sie jedem Salat ein erfreuliches Aussehen. Deshalb nicht an der Zugabe von Kräutern sparen, entweder für die Garnierung verwenden oder als eigenen Bestandteil in die Salatsauce geben.

Wieviel Sauce man für einen Salat braucht, hängt von den Zutaten ab. Die folgenden Rezepte sind jeweils für einen Salat für 4 Personen berechnet. Vor dem Servieren auf keinen Fall vergessen: nochmals mit Salz und Pfeffer abschmecken oder etwas Säure zugeben (Zitronensaft oder Essig) und dann mit Kräutern bestreut servieren.

Verwenden Sie für eine erstklassige Vinaigrette bitte nur den besten Essig und ein hochwertiges Öl. Als grober Anhalt für die Mischung gilt: 1 Teil Essig auf 3 Teile Öl. Wichtig ist, zuerst den Essig mit Salz, Pfeffer und gegebenenfalls weiteren Gewürzen zu mischen. Nur so kann sich das volle Aroma der Gewürze entfalten und sich das Salz auflösen.

Sauce Vinaigrette

3 TL Senf mit 2 TL Essig und 1 TL Wein verrühren. Mit etwas Salz, Pfeffer und 1/2 TL Zucker würzen. Ganz langsam 8 EL Pflanzenöl einrühren. 1 Zwiebel schälen und feinhacken. 1 Gewürzgurke feinhacken. 2 hartgekochte Eier schälen, ebenfalls feinhacken. 2 Bund beliebige Küchenkräuter verlesen, waschen und kleinschneiden. Alle Zutaten in das Salatdressing geben, verrühren und kurz ziehen lassen.

Anwendung: Diese Sauce paßt am besten zu allen Blattsalaten und auch zu allen anderen Salaten aus Frischkost ohne sonstige Zutaten.

Indisches Dressing

1 kleinen Apfel schälen und reiben. Nach dem Reiben sofort mit Zitronensaft beträufeln. 1 kleine Zwiebel schälen und reiben. Beides mit 3 EL Mayonnaise und 6 EL Sahne glattrühren. Mit 1 EL Currypulver, 1 TL Zucker, 1 EL Weißwein, 1 EL Essig abschmecken. Mit 1 Bund verschiedener gehackter Küchenkräuter verrühren.

Anwendung: für alle grünen Blattsalate, Tomaten, Geflügel-, Eier- und Nudelsalate geeignet.

French-Dressing

3 TL scharfen Senf mit 4 EL Essig glattrühren. Mit Salz, Pfeffer und Zucker würzen und ganz langsam 6 EL Pflanzenöl einrühren. Je 1/2 Bund Schnittlauch, Kerbel und Estragon waschen, verlesen, feinhacken und in das Dressing rühren.

Anwendung: Die Sauce paßt zu allen Blattsalaten und zu Salatmischungen mit exotischen Salatzutaten.

Kräuter-Dressing

2 Bund verschiedene Kräuter waschen, verlesen und so fein wie möglich hacken. 1 hartgekochtes Ei schälen und feinhacken. 4 EL Mayonnaise, 5 EL Magerjoghurt und 5 EL Sahne glattrühren und notfalls noch mit etwas Mineralwasser verdünnen. 1 Knoblauchzehe schälen, kleinschneiden und mit Salz zerreiben. Zusammen mit den Kräutern in das Dressing geben. Mit etwas Pfeffer und 2 TL Zitronensaft abschmecken.

Anwendung: Für alle Salate aus frischen Zutaten, besonders Gurken.

Thousand-Island-Dressing

1/2 Paprikaschote entkernen und so fein wie möglich hacken. 2 EL Frischkäse, 2 EL Sahne und 2 EL Tomatenketchup gut miteinander verrühren. Dann die gehackten Paprikaschoten zugeben und das Dressing mit etwas Salz, Pfeffer, Paprikapulver, Tabasco oder Chilisauce abschmecken.

Anwendung: Thousand-Island-Dressing paßt am besten zu Blattsalaten, zu Tomaten, Paprika, Gurken und exotischen Salatfrüchten.

Russisches Dressing

1/2 Paprikaschote feinhacken. 6 Scheiben Rote Bete aus dem Glas abtropfen und feinhacken. 1 Salatgurke ebenfalls feinhacken. 4 EL Mayonnaise mit 4 EL Sahne glattrühren, mit 2 TL Rote-Bete-Saft färben. Mit 1/2 TL Paprikapulver und 2 Spritzern Tabasco glattrühren, die gehackten Zutaten unterrühren und zum Schluß 2 TL Kaviar unterheben.

Anwendung: Diese Sauce paßt zu Wildkräutersalaten, Kartoffelsalat, Eier-, Wurst- und Fischsalat, Pilzsalaten.

Gourmet-Dressing

1 kleine Zwiebel schälen und so fein wie möglich hacken. 2 Sardellenfilets und 1 EL Kapern feinhacken. Je 1/2 Bund Kerbel und Petersilie feinhacken. 2 rohe Eigelb und 1 TL scharfen Senf mit 5 EL Pflanzenöl glattrühren, mit 1 EL Essig und 1 EL Apfelsaft verlängern. Mit etwas Salz, Pfeffer und Chili abschmecken. Die gehackten Zutaten unterrühren.

Anwendung: Diese Sauce paßt gut zu kombinierten Salaten und zu Gemüsesalat.

Speck-Dressing

125 g durchwachsenen Speck in kleine Würfel schneiden, in einer Pfanne auslassen und knusprig braun braten. 1 Zwiebel schälen und so fein wie möglich hacken, im Speckfett glasig dünsten. Pfanneninhalt etwas erkalten lassen. 3 EL Mayonnaise mit 6 EL Sahne glattrühren, dann den Pfanneninhalt mit dem Fett dazugeben, verrühren und mit 1 EL Essig, etwas Salz, etwas Pfeffer und Paprika abschmecken.
Anwendung: Diese Sauce paßt am besten zu Blattsalaten, besonders zu Spinat und Endivien.

Zitronen-Dressing

1 Becher Magerjoghurt mit 6 EL Sahne, 2 EL Weißwein und 2 EL Zitronensaft glattrühren. Die Schale einer gereinigten Zitrone so fein wie möglich reiben und alles mit etwas Salz, weißem Pfeffer, Zucker und etwas flüssiger Speisewürze abschmecken. 1 Bund Zitronenmelisse waschen, verlesen und sehr fein hacken. Unter das Dressing rühren.
Anwendung: zu allen Salaten aus Frischkost.

Tomaten-Dressing

1 Bund Basilikum waschen, verlesen und feinhacken. 4 EL Essig mit etwas Salz, weißem Pfeffer, Zucker und 1 EL Tomatenmark glattrühren. 1 Knoblauchzehe schälen, feinhacken und mit etwas Salz verreiben. Anschließend in das Dressing rühren. Dann langsam 8 EL Pflanzenöl einrühren. Zum Schluß das gehackte Basilikum zugeben.

Anwendung: zu allen gemischten Salaten, besonders zu Tomaten, Paprika, Auberginen, Zucchini und Fenchel.

Salate garnieren, dekorieren und verzieren: Die schönsten Garnier-Ideen

Das Auge ißt auch mit: Gemeint ist mit diesem Sprichwort, daß man seine besten Salatkreationen auch entsprechend auf den Tisch bringen muß. Neben der perfekten Verarbeitung und dem guten Geschmack kommt es auch auf die Optik an. Garnieren, Dekorieren und Verzieren sind angesagt. Doch Vorsicht: Man kann des Guten auch zuviel tun und einen phantastischen Salat mit einer zu gewaltigen Dekoration richtiggehend erdrücken, wenn nicht sogar „kaputtgarnieren".

Art und Umfang der Verschönerung hängen davon ab, wie der Salat selbst beschaffen ist. Das heißt, Salate, die laut Rezept schon viele bunte Zutaten enthalten, vertragen höchstens noch Frischkräuter als Garnitur. Salate aber, die wenig gemischt sind, die zum Teil nur aus einer oder maximal zwei bis drei Sorten bestehen, können durchaus etwas Farbe gebrauchen. Die obligatorischen hartgekochten Eier oder öltriefende rote Paprikaschnitzel aus der Dose sind nicht das, was man in einer guten Salatküche unter Dekoration, Garnitur oder Verzierung versteht.

Damit Ihre eigene Phantasie etwas angeregt wird, haben wir einige Ideen zusammengetragen, die, richtig eingesetzt, dazu beitragen werden, daß Ihre mittlerweile schon berühmte Salatküche mit Lobeshymnen buchstäblich überschüttet wird. Wichtig ist, abgesehen von etwas Phantasie und Kreativität, das richtige Handwerkszeug. Dazu gehören:

Rettichschneider: Damit können Sie den Rettich in gleichmäßig dünne Spiralen schneiden. Zunächst stechen Sie die Spindelspitze in das obere, dicke Ende des Rettichs. Dann drehen Sie die seitlich herausragenden Schneider um den Rettich. Dadurch ringeln sich Spiralen um den Haltestab. Ist der Rettich ganz aufgeschnitten, nehmen Sie den Haltestab heraus. Eine Methode, die dem Rettich besonders gerecht wird.

Buntmesser: Zum Schneiden von Möhren, Gurken, Kartoffeln, Rettich usw. Es entstehen gerillte Scheiben. Ideal auch zum Schneiden von Eierstich!

Spezialschäler: Zu empfehlen zum Abziehen von Möhrenfleisch und der Schale von Zitrusfrüchten.

Ausstechformen: Zum Ausstechen von Radieschenröschen, auch in verschiedenen kleinen Formen, zum Beispiel Herzen.

Kuchen-Ausstechformen: Erhältlich in verschiedenen Größen und Formen im Satz. In der Salatküche zum Ausstechen von Zitronen, Gurken und Käse in Ringe und Scheiben verwendbar.

Buttergarnierer: So entstehen Röllchen: Den Spachtel des Buttergarnierers mit leichtem Druck waagerecht über ein gut gekühltes Stück Butter ziehen.

Für Kugeln die Halbkugeln des Garnierers in heißes Wasser tauchen, schräg in die harte Butter einstechen, herausziehen, und schon ist eine schöne Kugel fertig.

Mit dem richtigen Handwerkszeug lassen sich aus einfachen Zutaten perfekte Dekorationen schaffen.

Salate perfekt garnieren

Tomaten: 1. Die ganze Tomate mit einem scharfen Messer zwölfmal bis zur Hälfte einschneiden. Jede zweite Spalte mit einem spitzen Messer vorsichtig abheben. Oben in die Mitte Kresse oder Petersilie stecken.

2. Die Tomate halbieren, auf die Schnittfläche legen und fünfmal bis etwa zur Hälfte einschneiden. Anschließend in jeden Einschnitt eine dünne, ausgestochene halbierte Scheibe Rettich stecken.

3. Tomatenviertel aushöhlen und bis zur Mitte hineinschneiden. Die Spitzen leicht auseinanderziehen.

Beim Salat-Garnieren sind Ihrer Phantasie keine Grenzen gesetzt. Jeder Salat kann nur gewinnen, wenn er am Schluß, nach dem Zugeben der Salatsauce und dem vorsichtigen Vermischen, noch sorgfältig verziert wird. Damit der Salat nicht „übergarniert" wirkt, hält man sich am besten an folgende Regel: Je farbenfroher der Salat schon durch die Verschiedenheit der Zutaten ist, desto weniger Garnierung hat er nötig – das Auge erfreut sich bereits an der gelungenen Kombination der einzelnen Salatzutaten. Ein Salat aber, der nur aus wenigen Sorten besteht, kann ruhig etwas Farbe gebrauchen.
Im Bild sind verschiedene Möglichkeiten der Garnierung zusammengestellt und dazu die Arbeitsgeräte, die für die richtige und problemlose, wenig arbeitsintensive Dekoration mit großer Wirkung sorgen.

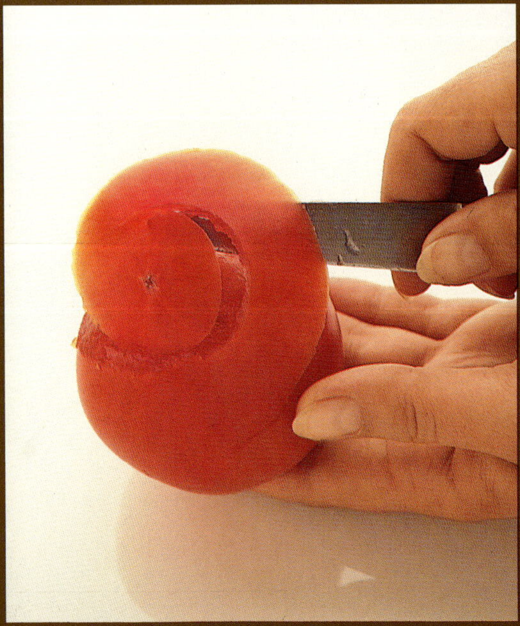

Tomaten-rose

Damit dieser Garniervorschlag perfekt gelingt, bitte eine reife, aber feste Tomate verwenden. Die Tomate rundum vorsichtig schälen, die Schale muß zusammenhängend bleiben. Anschließend locker aufrollen und in Form einer Rose auseinanderziehen. Mit Petersilienblättchen garnieren.

4. Eine reife, feste Tomate vorsichtig rundum schälen. Die Schale muß zusammenhängend bleiben. Anschließend locker aufrollen und dann in Form einer Rose auseinanderbrechen. Mit Petersilienblättchen dekorieren.

Rettich: 1. Den geputzten Rettich der Länge nach rundherum ganz wenig einkerben. Unten kegelförmig zuspitzen. Von diesem Ende her ringsherum dünne Scheiben abschälen. Jede Scheibe gleich zum Tütchen formen. In Eiswasser legen. In die Mitte Maiskörner oder Kräuter stecken.

2. Dünne Scheiben schneiden. Tütchen drehen, in Paprika stippen.

3. Den Rettich schälen, mit einem Rettichschneider Spiralen schneiden.

Möhren: 1. Große Möhrenscheiben mit Herz-Ausstechformen ausstechen. Jeweils 4 der entstandenen Herzen zu einem Kleeblatt zusammensetzen.

2. Mit dem Buntmesser Scheiben und Würfel schneiden.

3. Mit einem gerillten Kuchenausstecher Rettichscheiben ausstechen und mit Möhrenscheiben und glatter Petersilie aufspießen.

4. Die Möhre halbieren und mit dem Spezialmesser Raspeln abziehen.

Salatgurken: 1. Eine Gurkenscheibe rundherum einkerben. In die Mitte Kresse geben.

2. Gurkenscheibe einschneiden und auseinanderdrehen.

3. Kleine ausgestochene Gurkenscheiben auf eine große gezackte Gurkenscheibe setzen.

4. Gurkenscheibe viermal einschneiden, ineinanderstecken. Mit Petersilie verzieren.

5. Dicke Gurkenscheiben viermal bis über die Mitte hinaus einschneiden. Auseinanderdrükken und Schnittlauch hineinstecken.

Zitronen: 1. Den Rand von zwei Zitronenscheiben in gleichmäßigen Abständen einkerben und jede Scheibe bis zur Hälfte einschnei-

Auf der Lithographie von Franz Burchard Doerbeck (1799–1835) bietet eine Berliner Marktfrau ihre Waren, sicher das frischeste Gemüse und die knackigsten Salate, feil.

den. Die Scheiben mit den Einschnitten ineinanderstecken und in die entgegengesetzte Richtung auseinanderdrehen.

2. Mit dem Spezialmesser die Zitronenschale in langen Raspeln abziehen und zu kleinen Locken drehen.

3. Ein Zitronenviertel unten etwas gerade schneiden. Oberfläche in gleichen Abständen einschneiden. Nach Belieben in die Einschnitte Kresse, Petersilie oder andere Kräuter stecken.

4. Zitronen vierteln. In gleichen Abständen einschneiden und dann zu einem Halbmond biegen.

5. Zitronenscheibe mit einer gezackten Kuchenausstechform ausstechen.

Radieschen: 1. Mit einem scharfen Messer wird das Radieschen von der Spitze fast bis zum Blattansatz rundherum vorsichtig eingeschnitten.

2. Das Radieschen bis kurz vor dem Blattansatz vierteln und leicht auseinanderdrücken.

3. Das ganze Radieschen mehrmals in gleichen Abständen bis etwas über die Hälfte einschneiden. Etwas auseinanderziehen, daß ein Radieschenfächer entsteht. Sehr hübsch sieht es aus, wenn Sie in die Einschnitte Petersilie oder Kressebüschel stecken.

4. Radieschen halbieren und mit dem Aspikausstecher kleine Formen ausstechen.

5. Radieschen mit einem spitzen Messer oder Spezialmesser verschieden hoch einschneiden, so daß Röschen entstehen. Das Schneiden kleiner Röschen geht noch schneller, wenn Sie einen Radieschenausstecher verwenden. Legen Sie die Radieschen nach dem Schneiden immer einige Minuten in Eiswasser. Dann können sie sich erst richtig öffnen.

Zwiebeln: Zwiebeln von mittlerer Größe in relativ dicke Scheiben schneiden, dann Zwiebelringe herausbrechen und in feingehackten Kräutern, in gemahlenem schwarzem Pfeffer, in Paprika- oder Currypulver drehen. Das ergibt einen schönen Farbkontrast für eine gelungene Salatgarnitur.

Nachdem Sie nun über Salatsorten, ihre Lagerung, Vorbereitung und das Wichtigste, was Sie über Zutaten, Handwerkszeug und Garnierung wissen sollten, informiert sind, erwarten Sie 75 Rezepte, die allesamt wert sind, ausprobiert zu werden. Viel Spaß dabei und gutes Gelingen wünschen wir Ihnen!

Die Rezeptzutaten sind für 4 Personen berechnet.

Artischocken-Cocktail

Karl Friedrich Freiherr von Rumohr (1785–1843), Feinschmecker und Autor eines berühmten Kochbuchs, nennt angerichtete Artischocken „einen Anblick, der zu dem Reizendsten gehört, was sich den Blicken darbieten kann". Heute zählen sie nicht nur in mitteleuropäischen Breiten noch immer zu den Delikatessen und werden hier nicht in Verbindung gebracht mit dem Bestandteil des frugalen Mahls, mit dem die kleinen Leute in Italien vorlieb nehmen mußten, wie derselbe Autor weiterhin schreibt.

Artischockenherzen, das heißt der feinste Teil des edlen Gemüses, werden in Konserven angeboten, was die Vorarbeiten für den Salat bedeutend verkürzt.

1 kleiner Radicchio, 2 Dosen Artischockenherzen (800 g), 100 g roher Schinken.
Für die Salatsauce: 1 Zwiebel, 1/2 Bund Petersilie, 4 Sardellenfilets, 1 Röhrchen Kapern, 2 EL mittelscharfer Senf, 1/8 Liter Weißwein, 3 EL Essig, 3 EL Öl, 1 TL Estragon, 1 TL Kerbel, Salz, Pfeffer, 2 hartgekochte Eier, 1/2 Bund Schnittlauch

Den Radicchio putzen, waschen, gut abtropfen lassen und in mundgerechte Stücke zerpflücken, mit den abgetropften und halbierten Artischockenherzen und dem in Streifen geschnittenen Schinken in einer Schüssel vorsichtig vermischen.

Für die Salatsauce die Zwiebel, die Petersilie, die Sardellenfilets und die Kapern feinhacken. Mit Senf, Weißwein, Essig und Öl anrühren. Mit Estragon, Kerbel, Salz und Pfeffer abschmecken. Die feingehackten Eier und den feingeschnittenen Schnittlauch unter die Sauce ziehen und den Salat damit anmachen. Alles eine halbe Stunde im Kühlschrank ziehen lassen, nochmals abschmecken und servieren.

Auberginensalat

Auberginen sind reif, wenn die Schale auf Druck leicht nachgibt. Ihr spezifisches Aroma entwickelt sich erst bei der Zubereitung. Sie eignen sich zum Schmoren, Braten und Dünsten gleichermaßen. Soll die Haut, die zwar ohne weiteres mitverwendet werden kann, abgezogen werden, legt man die „Eierfrüchte" kurz in kochendes Wasser. Um die manchmal vorhandenen Bitterstoffe zu entfernen, werden die in Scheiben geschnittenen und leicht gesalzenen Auberginen auf ein Sieb gegeben. Man läßt sie kurz ziehen. Dann werden sie mit einem Küchentuch abgetrocknet und weiterverarbeitet.

2 mittelgroße Auberginen, 1 EL Salz, 4 El Öl, 2 Tomaten, 1 Zucchini, 100 g frische Champignons. Für die Salatsauce: 1 TL Salz, 1 Knoblauchzehe, 1/8 Liter Weißwein, Saft von 1 Zitrone, 150 g süße Sahne, 1 TL Rosmarin, 1 TL Minze, 2 EL Essig, Salz, Pfeffer, 1 Prise Zucker

Die Auberginen in hauchdünne Scheiben schneiden und mit Salz bestreuen. 30 Minuten ziehen lassen und anschließend unter fließendem Wasser abwaschen. Das Öl in einer Pfanne erhitzen und die gut abgetropften Auberginenscheiben darin braten, dann herausnehmen und in eine Schüssel geben.

Tomaten, Zucchini und Champignons waschen, abtropfen lassen, in Scheiben schneiden und zu den Auberginen geben. Die mit Salz zerriebene Knoblauchzehe im verbliebenen Bratfett kurz anschwitzen. Mit Weißwein ablöschen, mit Zitronensaft und Sahne auffüllen. Den Rosmarin, die Minze und den Essig dazugeben, einmal aufkochen lassen, von der Kochstelle nehmen und mit Salz, Pfeffer und Zucker abschmecken. Die Salatsauce über den Salat geben, eine halbe Stunde ziehen lassen, nochmals abschmecken und servieren.

Austernpilz-Salat

Austernpilze oder Austernseitlinge werden wegen ihres zarten Geschmacks auch Kalbfleischpilze genannt. Sie sind das ganze Jahr über auf dem Markt. Die Vorbereitung ist denkbar einfach: waschen, trocknen und bei größeren Pilzen das Stielende großzügig abschneiden, da es zäh sein könnte.

600 g frische Austernpilze, 1/8 Liter Fleischbrühe, 2 kleine Zwiebeln, 4 EL Öl, 3 EL Essig, 1/8 Liter Weißwein, 1 TL Sojasauce, 1 Zitrone, 1/2 TL weißer Pfeffer, 1 TL Zucker, 2 Knoblauchzehen, 1/2 TL Salz, 1 Bund Petersilie

Die Austernpilze putzen, in Salzwasser waschen, auf ein Sieb legen und abtropfen lassen. Anschließend in Scheiben schneiden, in einen Topf schichten und mit Fleischbrühe so angießen, daß sie gerade bedeckt sind. Bei kleiner Hitze rund 5 Minuten leicht köcheln lassen, dann auskühlen und im Kühlschrank kalt werden lassen.

Die Zwiebeln feinhacken und in einer Pfanne im heißen Öl glasig anschwitzen, von der Kochstelle nehmen und Essig, Weißwein, Sojasauce und Zitronensaft zugeben. Mit Pfeffer und Zucker abschmecken. Die Knoblauchzehen schälen, sehr fein hacken und mit dem Salz völlig zerreiben. Dann zur Salatsauce geben, alles gut durchrühren und die Sauce über die Austernpilze geben. Mindestens 30 Minuten ziehen lassen, dann anrichten.

Mit feingehackter Petersilie bestreuen und servieren. Französisches Stangenweißbrot dazu reichen.

Avocadosalat

Die Wunderfrüchte der Azteken und Maya gehören zur Familie der Lorbeergewächse. Der unaufdringliche Geschmack der Avocado macht sie zu einer beliebten Salatzutat. Nach dem Kleinschneiden sollten die Früchte gleich mit etwas Zitronensaft beträufelt werden. Dadurch wird verhindert, daß sich das Fruchtfleisch an der Luft unappetitlich braun färbt.

2 Avocados, Saft von 1 Zitrone,
100 g frische Champignons, 1 Zwiebel,
2 Tomaten, 1 kleine Dose Mandarinenfilets,
100 g gekochter Schinken, 100 g Krabben.
Für die Salatsauce: 1 EL mittelscharfer Senf,
1 EL Tomatenmark, 1/8 Liter Weißwein,
6 EL Crème fraîche, 3 EL Essig, Salz, Pfeffer,
1 Prise Zucker, 1/2 Bund Estragon,
1/2 Bund Schnittlauch

Die Avocados schälen, halbieren, den Kern herauslösen und in kleine Scheiben schneiden. Sofort mit der Hälfte des Zitronensafts beträufeln. Die geputzten Champignons in dünne Scheiben schneiden und ebenfalls mit Zitronensaft beträufeln. Die Zwiebel feinhakken, die Tomaten enthäuten, entkernen und in Würfel schneiden. Die Mandarinenfilets gut abtropfen lassen, den Schinken in dünne Streifen schneiden. Die Krabben mit den übrigen Zutaten in einer Schüssel vorsichtig vermischen.

Für die Salatsauce den Senf mit dem Tomatenmark, dem Weißwein, der Crème fraîche und dem Essig gut verrühren. Mit Salz, Pfeffer und Zucker abschmecken, dann die Salatsauce über den Salat gießen. Vor dem Servieren mit feingeschnittenem Estragon und Schnittlauch bestreuen.

Bayerischer Kartoffelsalat

Aus ernährungsphysiologischer Sicht ist es unverständlich, warum der Deutschen liebste Knolle heute weniger häufig auf den Tisch kommt: Kartoffeln sind ausgesprochen gesund, denn sie enthalten kaum Fett, dafür viel hochwertiges Eiweiß, Vitamine und Mineralstoffe. Außerdem sind sie kalorienarm und können auf vielfältige Weise zubereitet werden. Dies beweisen allein schon die vielen verschiedenen Rezepte für Kartoffelsalat. Lassen Sie sich die bayerische Kartoffelsalat-Variante gut schmecken!

500 g gekochte Kartoffeln, 4 EL Öl, 100 g geräucherter Speck, 2 Zwiebeln, 1/8 Liter Fleischbrühe, 100 ml Essig, Salz, Pfeffer, 1 Prise Zucker, 1 Bund Schnittlauch

Die Kartoffeln in dünne Scheiben schneiden und in eine Schüssel geben. Das Öl in einer Pfanne erhitzen und den in feine Würfel geschnittenen Speck darin auslassen. Die feingehackten Zwiebeln dazugeben und glasig dünsten. Mit der Fleischbrühe auffüllen, mit Essig säuern und mit Salz, Pfeffer und Zucker würzen. Die Salatsauce noch warm über die Kartoffeln geben, vorsichtig durchmischen und mindestens eine halbe Stunde ziehen lassen. Vor dem Servieren nochmals abschmekken und mit frisch geschnittenem Schnittlauch bestreut auf den Tisch bringen. Besonders gut schmeckt der Kartoffelsalat zu gegrilltem Fleisch oder zu Grillwürstchen. Als Getränk empfiehlt sich ein Bier.

Blumenkohlsalat mit Eierlikördressing

Blumenkohl ist neben Weiß- und Rotkohl und Wirsing das wichtigste Kohlgemüse. In Deutschland werden während der langen Blumenkohlsaison von Juni bis November 180000 Tonnen jährlich verzehrt. Und seine Beliebtheit wächst ständig, da er leicht verdaulich ist und sich immer wieder unterschiedlich zubereiten läßt – hier als Salat mit einem Dressing aus Eierlikör, eine köstliche Kombination, die sich auszuprobieren lohnt.

500 g kleine Blumenkohlröschen, 4 Tomaten, 100 g gekochter Schinken, 2 mittelgroße Zwiebeln.
Für die Salatsauce: 1/8 Liter saure Sahne, 3 EL Mayonnaise, 2 EL Essig, 1 EL mittelscharfer Senf, 4 cl Eierlikör, Salz, Pfeffer, 1 Prise Zucker

Die Blumenkohlröschen in Salzwasser 10 bis 15 Minuten blanchieren, herausnehmen, abtropfen und erkalten lassen. Die Tomaten enthäuten, entkernen, in kleine Würfel schneiden und zum Blumenkohl geben. Den Schinken und die Zwiebeln fein würfeln. Alle Zutaten zum Blumenkohl geben und vorsichtig vermischen.

Für die Salatsauce die saure Sahne mit der Mayonnaise, dem Essig, Senf und Eierlikör glattrühren. Mit Salz, Pfeffer und Zucker würzen. Die Sauce über den Salat geben und gleich servieren.

Bohnensalat mit Speck

Der Geschmack frischer grüner Bohnen wird durch Bohnenkraut gehoben – Bohnenkraut und Bohnen gehören deshalb, auch in diesem Salat, zusammen! Auch Basilikum, Dill, Petersilie, Zwiebeln und Knoblauch sind klassische Bohnenbegleiter.
Da rohe grüne Bohnen einen giftigen Stoff, das Phasin, enthalten, der aber beim Kochen abgebaut wird, müssen grüne Bohnen vor dem Verzehr immer blanchiert werden.

400 g grüne Bohnen, 2 EL Öl, 100 g Frühstücksspeck, 2 Zwiebeln, 1 Bund Frühlingszwiebeln, 100 ml Rotwein, 150 g süße Sahne, 1 TL Bohnenkraut, 1 TL Oregano, Saft von 1 Zitrone, 2 EL Essig, Salz, Pfeffer, 1 Prise Zucker, 2 Tomaten, 4 Scheiben Weißbrot, 4 EL Öl, 1 TL Salz, 1 Knoblauchzehe, 1 Bund Petersilie

Die Bohnen putzen, halbieren und in Salzwasser 5–10 Minuten blanchieren, herausnehmen, abtropfen und erkalten lassen. Das Öl in einer Pfanne erhitzen und den in kleine Würfel geschnittenen Frühstücksspeck darin auslassen. Die in Streifen geschnittenen Zwiebeln, die geputzten und ebenfalls kleingeschnittenen Frühlingszwiebeln zum Speck geben und kurz mitdünsten. Mit Rotwein ablöschen, mit der Sahne auffüllen. Mit Bohnenkraut, Oregano, Zitronensaft, Essig, Salz, Pfeffer und der Prise Zucker abschmecken und die Salatsauce über die Bohnen geben.
Die enthäuteten, entkernten und in Streifen geschnittenen Tomaten unter die Bohnen heben und mindestens 1 Stunde ziehen lassen. Das Weißbrot in kleine Würfel schneiden, das Öl erhitzen und die mit Salz zerriebene Knoblauchzehe darin anschwitzen. Die Weißbrotwürfel im Knoblauchöl goldgelb braten, mit der feingehackten Petersilie über den Bohnensalat geben und servieren.

Brüsseler Salat

Falls Sie keinen frischen Meerrettich bekommen können, der in jedem Fall Dosenware vorzuziehen ist: Tafelfertiger Meerrettich ist geriebener Meerrettich, der roh konserviert und mit Mayonnaise oder Sahne vermischt und mit Salz und Essig abgeschmeckt wurde. Konservierter Meerrettich sollte im Kühlschrank aufbewahrt werden und hält sich dort ungefähr 6 Monate.

250 g gekochtes Rindfleisch, 250 g gekochter Schinken ohne Fettrand, 2 Stangen Lauch, 2 Karotten, 1 kleine Sellerieknolle, 1 mittelgroßer Rettich, 2 Äpfel.
Für die Salatsauce: 3 Eigelb, 2 TL scharfer Senf, 1/2 TL Essig, 150 ml Öl, 1/8 Liter saure Sahne, 1 Bund Schnittlauch, 2 TL frisch geriebener Meerrettich, 1/2 TL weißer Pfeffer, 1/2 TL Salz, Saft von 1/2 Zitrone, etwas Weinbrand nach Belieben

Das Rindfleisch und den gekochten Schinken in Streifen schneiden. Das Gemüse bißfest garen, danach erkalten lassen und anschließend in dünne Scheiben schneiden. Den Rettich fein hobeln. Die Äpfel schälen, vierteln, entkernen und ebenfalls in feine Scheiben schneiden. Alle Zutaten vorsichtig in einer großen Salatschüssel mischen. Die Eigelb, den Senf und den Essig mit einem Schneebesen in einer Rührschüssel glattrühren. Das Öl tropfenweise, wie bei einer Mayonnaise, zugeben. Die saure Sahne langsam einrühren, mit der Hälfte des feingeschnittenen Schnittlauchs, dem frischen Meerettich, dem Pfeffer, Salz, etwas Zitronensaft und Weinbrand nach Belieben abschmecken. Die Sauce über den Salat geben, mindestens eine halbe Stunde ziehen lassen und mit dem restlichen Schnittlauch bestreuen.

Bunte Salatschüssel

Vermutlich ist der Kopfsalat oder „grüne Salat" aus dem wilden Lattich hervorgegangen, der in den wärmeren Gegenden des Mittelmeerraums wächst. Kopfsalat taucht in seiner jetzigen Form erstmals im 16. Jahrhundert auf. Schon damals gab es Formen mit verschieden gefärbten Blättern: dunkelgrüne, zartgrüne und gefleckte. Er galt als Heilpflanze, und Ludwig XIV. versuchte seine Zucht zu beschleunigen. Kopfsalat war auch die erste Pflanze, die in einem Gewächshaus des Sonnenkönigs unter Glas angepflanzt wurde.

2 grüne Salate, 2 Eier, 2 große Zwiebeln, 2 EL Butter, 100 g Kalbsleber, 2 kleine Kalbsnieren, 1 EL Butter, Salz, Pfeffer.
Für die Salatsauce: 6 EL Essig, 6 EL Öl, 1/8 Liter Weißwein, Saft von 1 Zitrone, 1 EL Zucker, 1 TL Salz, Pfeffer, 1 TL Majoran, 1 TL Thymian, 2 Knoblauchzehen, Salz, 4 Scheiben Weißbrot, 1 EL Butter, 2 EL gehackte Petersilie

Den Salat putzen, waschen und abtropfen lassen. Die Eier hartkochen, schälen und halbieren. Die Zwiebeln schälen, in Scheiben schneiden und in der heißen Butter andünsten. Die Kalbsleber und die Kalbsnieren in feine Scheiben schneiden. In der heißen Butter kurz unter ständigem Wenden braten, dann salzen, pfeffern und auf dem Salat anrichten. Aus Essig, Öl, Weißwein und Zitronensaft eine Sauce rühren und mit Zucker, Salz, Pfeffer, Majoran und Thymian abschmecken. Die Sauce über den Salat geben und alles gut durchmischen. Mit den Eiern und den Zwiebelscheiben garnieren. Die Knoblauchzehe schälen, mit Salz fein zerreiben. Die Weißbrotscheiben würfeln und mit dem Knoblauch in der erhitzten Butter braten. Die gehackte Petersilie zugeben, durchrühren und alles über den Salat geben.

Champignonsalat

Brunnenkresse, die hier den Salat verschönert, wächst seit jeher an Bächen, Seen und Wassergräben. Seit in Deutschland die Umweltverschmutzung immer mehr überhand nimmt, kommt die meiste Kresse allerdings aus Frankreich.

Brunnenkresse zeichnet sich durch ihren besonders pikanten Geschmack aus, enthält viel Vitamin C und wirkt anregend und belebend auf den gesamten Stoffwechsel.

500 g frische Champignons, 2 Frühlingszwiebeln, 2 Bund frische Radieschen, 125 g Sojakeimlinge.
Für die Salatsauce: 1 Knoblauchzehe (mit Salz zerreiben), 4 EL Zitronensaft, 4 EL Öl, Salz, Zucker, Pfeffer.
Zum Garnieren: Brunnenkresse

Champignons, Frühlingszwiebeln und Radieschen putzen, waschen und in dünne Scheiben schneiden. Mit den verlesenen Sojakeimlingen in eine Salatschüssel geben und vorsichtig mischen.

Für die Salatsauce Knoblauch, Zitronensaft und Öl in eine Schüssel geben und so lange mit einem Schneebesen verrühren, bis eine dickliche Flüssigkeit entstanden ist. Pikant mit Salz, Zucker und Pfeffer abschmecken. Die Sauce über die kleingeschnittenen Zutaten geben, den Salat etwas durchziehen lassen und mit Kresse garniert servieren.

Chicoréesalat

Die Kulturformen der Salatzichorie waren schon in der Antike bekannt. Seit 1860 gibt es in Belgien planmäßige Zuchtversuche, zunächst eine sehr mühsame Arbeit. Der Chicoréeanbau erfolgt in zwei Phasen: Im Frühjahr des ersten Jahres werden die Chicorée ausgesät, die im Herbst als Wurzeln geerntet werden. Diese Wurzeln werden nun, vor Licht geschützt, in Kellern dicht nebeneinander in Erde oder Hydrokultur eingesetzt. Wichtig dabei ist, daß die sich entwickelnden Blattsprossen kein Licht abbekommen, sonst werden sie bitter und grün. In speziellen Kartons verpackt, gehen die Chicorée nach 25 Tagen auf die Reise zum Verbraucher. Die bei uns angebotenen Chicorée kommen meist aus Belgien, dem Hauptexportland für Chicorée.

6 Stangen Chicorée, 4 Tomaten,
200 g Krabben, 1 Peperoni.
Für die Salatsauce: 100 g Edelpilzkäse,
1/8 Liter saure Sahne, 3 EL Crème fraîche,
Saft von 1 Zitrone, 2 EL Essig, 2 Knoblauchzehen (mit Salz zerrieben), 1 EL englisches Senfpulver

Chicorée halbieren, den Strunk entfernen und in zentimetergroße Stücke schneiden. Die Tomaten enthäuten, entkernen und würfeln. Mit den Krabben und der kleingeschnittenen Peperoni vermischen. Den Edelpilzkäse durch ein Sieb streichen und mit den übrigen Zutaten für die Salatsauce verrühren, dann die Sauce über den Salat geben.
Alles etwas durchziehen lassen und als Vorspeise servieren.

Chinakohlsalat

Die weiß-grünen Blätter des keulenförmigen Chinakohls sind zart im Geschmack und leicht verdaulich. Die Stauden wiegen durchschnittlich 200–1000 g, und es fällt wenig Abfall an, da man die ganze Staude als Gemüsebeilage oder als Salat zubereiten kann. Da Chinakohl keinen besonders intensiven Eigengeschmack aufweist, wird er als Salat immer pikant angemacht. Also eher noch Gewürze und Pfeffer zugeben, wenn die Salatsauce zu fade erscheinen sollte.

400 g Chinakohl, 100 g Sojabohnenkeimlinge, 1 Bund Frühlingszwiebeln, 100 g gekochter Schinken, 2 Scheiben Ananas, 2 Pfirsichhälften, 2 Birnenhälften. Für die Salatsauce: 1/8 Liter saure Sahne, 2 EL Essig, 2 EL Sojasauce, 2 EL Honig, 1 TL Curry, 1 Messerspitze Cayennepfeffer, Salz, Pfeffer, 1 Bund Schnittlauch

Den Chinakohl putzen, waschen, gut abtropfen lassen und in 1 cm dicke Streifen schneiden. Die Sojabohnenkeimlinge waschen und abtropfen lassen. Die Frühlingszwiebeln putzen und in dünne Streifen schneiden. Den Schinken ebenfalls in Streifen schneiden, die Ananas, die Pfirsich- und die Birnenhälften in kleine Würfel schneiden. Alle Zutaten in eine Schüssel geben, vorsichtig miteinander vermischen.

Für die Sauce die saure Sahne mit dem Essig, der Sojasauce und dem Honig glattrühren. Mit Curry, Cayennepfeffer, Salz und Pfeffer würzen und die Sauce über den Salat geben. Im Kühlschrank mindestens eine halbe Stunde ziehen lassen, nochmals abschmecken und mit feingeschnittenem Schnittlauch bestreut servieren.

Chinesischer Gemüsesalat

Bambussprossen aus der Dose werden immer abgetropft und in Streifen geschnitten, bevor man sie weiterverarbeitet.

100 ml Öl, 1 Zwiebel, 2 Karotten, 1 kleine Sellerieknolle, 1 rote Paprikaschote, 50 g Bambussprossen, 50 g Sojabohnenkeimlinge, 200 g gekochtes oder gebratenes Hähnchenfleisch, 100 g gekochter Schinken, 2 Tomaten, 100 g Honigmelone, 50 g frische Champignons.
Für die Salatsauce: 200 g Mayonnaise, 200 g Sahnedickmilch, 2 EL Mangochutney, 100 ml Essig, 2 EL Sojasauce, 1 TL Curry, 1/2 TL Paprikapulver, 1 Messerspitze Ingwer, Salz, Pfeffer

Das Öl in einer Pfanne erhitzen und die feingehackte Zwiebel darin glasig dünsten. Die Karotten und die Sellerie schälen, in kleine Würfel schneiden, zu den Zwiebeln geben und glasig anschwitzen. Die Paprikaschote putzen, ebenfalls würfeln, zum Gemüse geben und kurz mitdünsten.

Die Bambussprossen kleinschneiden, mit den geputzten, gewaschenen Sojabohnenkeimlingen zum Gemüse geben und ebenfalls kurz mitdünsten, dann erkalten lassen. In der Zwischenzeit das Hähnchenfleisch und den Schinken in kleine Würfel schneiden. Die Tomaten enthäuten, entkernen und ebenfalls würfeln. Das Fruchtfleisch der Honigmelone und die Champignons in dünne Scheibchen schneiden. Alle Zutaten in eine Schüssel geben und vorsichtig vermischen.

Für die Sauce die Zutaten glattrühren. Mit den Gewürzen abschmecken, Sauce über den Salat gießen. Im Kühlschrank eine halbe Stunde ziehen lassen, nochmals abschmecken und in Salatkelchen anrichten.

Eichblattsalat mit Lammfilets

Die dunklen, an Eichenlaub erinnernden Blätter sehen „wie gemalt" aus, wenn sie frisch und appetitlich angerichtet sind.

400 g Lammfilet, 1 TL Salz, 2 Knoblauchzehen, 1 TL Oregano, Butter zum Braten, 1 rote und 1 grüne Paprikaschote, 2 Tomaten, 1/2 Salatgurke, 1 kleines Glas schwarze Oliven.
Für die Salatsauce: 100 g Joghurt, 50 g körniger Frischkäse, 1 Bund Frühlingszwiebeln, 1 Bund Schnittlauch, 4 EL Essig, Salz, Pfeffer, 1 Prise Kümmel, 1 Prise Cayennepfeffer, 1 Prise Zucker, einige Tropfen Worcestersauce, 1 Eichblattsalat, einige Tropfen Essig, einige Tropfen Öl, 1 Bund Minze

Das küchenfertige Lammfilet mit den mit Salz zerriebenen Knoblauchzehen einreiben, mit Oregano würzen. Die Butter in einer Pfanne erhitzen, das Lammfilet je nach Geschmack medium oder durch braten, herausnehmen, in Alufolie wickeln und erkalten lassen. Die Paprikschoten putzen, waschen und in kleine Würfel schneiden. Die Tomaten enthäuten und die Kerne entfernen. Die Salatgurke schälen und mit der Tomate in kleine Würfel schneiden. Die Oliven gut abtropfen lassen. Alles mit dem in Würfel geschnittenen Lammfilet vermischen.

Für die Sauce den Joghurt mit dem Frischkäse glattrühren, die geputzten und in kleine Scheiben geschnittenen Frühlingszwiebeln sowie den feingeschnittenen Schnittlauch unter das Dressing ziehen. Mit den Gewürzen abschmecken und den Salat anmachen.

Den vorbereiteten Eichblattsalat auf Tellern anrichten, mit Essig und Öl beträufeln. Das Lammfilet auf dem Eichblattsalat anrichten und mit gehackter Minze bestreuen.

Eisbergsalat mit Thunfisch

Eisbergsalat, kurz Eissalat oder auch Koch- oder Kristallsalat genannt, ist ein knackiger und doch zarter Blattsalat. Seinen Namen verdankt er seinem Aussehen: Die Blätter sehen wie gefroren aus und glänzen wie Eis. Eissalat kann leicht transportiert werden und wird oft aus den USA, wo er seit Ende des vorigen Jahrhunderts gezüchtet wird, nach Europa transportiert. Kühl und dunkel gelagert, zum Beispiel im Gemüsefach des Kühlschranks, verliert er auch bei der Lagerung nichts an Frische. Eissalat sollte stets roh zubereitet werden, je nach Geschmack mit verschiedenen Zutaten gemischt oder solo mit einer pikant abgeschmeckten Sauce.

1 kleiner Eisbergsalat, je 1 rote und grüne Paprikaschote, 1/2 Salatgurke, 1 Zwiebel, 1 Glas schwarze Oliven, 1 Dose Thunfisch, 100 g Schafskäse.
Für die Salatsauce: 100 ml Essig, 100 ml Öl, 1/8 Liter trockener Weißwein, Salz, Pfeffer, 1 Prise Zucker, 1 Bund Basilikum.
Zum Garnieren: 2 hartgekochte Eier, einige Radieschen, einige Zweige Zitronenmelisse

Den Eisbergsalat putzen, waschen und gut abtropfen lassen. Die Paprikaschoten halbieren, entkernen, waschen und in Streifen schneiden. Die Salatgurke und die geschälte Zwiebel in Streifen schneiden. Die Oliven gut abtropfen lassen, den Thunfisch zerpflücken, den Schafskäse in Würfel schneiden, alles in eine Schüssel geben und mischen.
Essig, Öl und Weißwein verrühren und abschmecken. Das feingehackte Basilikum unter die Sauce ziehen und die Sauce über den Salat gießen. Salat mit den geviertelten Eiern, den Radieschenröschen und den Melissenzweigen anrichten.

Endiviensalat

Endivien sind vom Sommer an bis in den Winter erhältlich. Unterschieden wird zwischen dem krausblättrigen Winterendiviensalat und der breitblättrigen Endivie. Winterendivien haben schlanke, hellgrüne, zarte Blätter, während die breitblättrigen Sorten stärkere Blätter aufweisen.

1 Endiviensalat, 2 EL Butter,
100 g geräucherter, durchwachsener Speck,
1/8 Liter Weißwein, 200 g Crème fraîche,
100 g Butterkäse, Salz, Pfeffer, Zucker,
1 Bund Schnittlauch

Den Endiviensalat putzen, waschen und in dünne Streifen schneiden. Die Butter in einer Pfanne erhitzen und den in dünne Würfel geschnittenen Speck darin auslassen, mit Weißwein ablöschen und die Crème fraîche zugeben. Die Sauce etwas einkochen. Den Butterkäse in kleine Würfel schneiden, unter die Sauce rühren und schmelzen lassen. Mit Salz, Pfeffer und Zucker abschmecken. Die Sauce über den Endiviensalat gießen und mit Schnittlauch bestreut servieren.

Feldsalat mit Orangen

In Deutschland wird Feldsalat auf größeren Flächen gewerbsmäßig angebaut, ist aber auch ein geeignetes Gartengemüse. Er stellt weder an Temperatur noch an den Boden größere Ansprüche, ist frostbeständig und kann vom Spätherbst bis zum Frühjahr geerntet werden – ein idealer Wintersalat!

200 g Feldsalat, 2 rote Zwiebeln,
1 Bund Radieschen, 4 Orangen,
1 kleines Glas Kürbis, 2 Tomaten.
Für die Salatsauce: Saft von 1 Zitrone,
100 ml Orangensaft, 1/8 Liter Rotwein,
4 EL Essig, Salz, Pfeffer, 1 Prise Zucker,
150 g Magerjoghurt, 4 EL Tomatenketchup,
1 TL Curry, 1 Prise Zucker, einige Tropfen Worcestersauce.
Zum Garnieren: 2 Bund gemischte Kräuter,
4 hartgekochte Eier

Den Feldsalat putzen, waschen, gut abtropfen lassen. Die Zwiebeln schälen und in Scheiben schneiden. Die Radieschen ebenfalls in Scheiben schneiden. Die Orangen schälen und filieren. Kürbis gut abtropfen lassen und in Scheiben schneiden. Die Tomaten enthäuten, entkernen und in Streifen schneiden. Alle Zutaten in eine Schüssel geben und vorsichtig miteinander mischen.

Aus Zitronensaft, Orangensaft, Rotwein, Essig, Salz, Pfeffer und Zucker eine Sauce rühren und über den Salat gießen. In den Kühlschrank stellen und mindestens 30 Minuten darin ziehen lassen.

In der Zwischenzeit den Joghurt mit dem Tomatenketchup und dem Curry glattrühren. Mit Salz, Pfeffer, 1 Prise Zucker und Worcestersauce abschmecken. Den Salat anrichten. Mit der Joghurtsauce überziehen, mit den gehackten Kräutern bestreuen und mit den in Scheiben geschnittenen Eiern garnieren.

Fenchelsalat mit Kräutersauce

Fenchel und Italien gehören zusammen, und was uns im Urlaub in Italien gemundet hat, schmeckt auch, wenn wir es zuhause nachkochen. Zwar nicht ganz so gut, weil Atmosphäre und Sonne meist fehlen, aber immerhin Anlaß, in Erinnerungen an den Urlaub zu schwelgen. Ein Gläschen italienischer Wein darf da nicht fehlen!

4 mittelgroße Fenchelknollen, 1 Bund Frühlingszwiebeln, 2 Tomaten.
Für die Salatsauce: 4 EL Öl, 4 EL Essig, 1/8 Liter Weißwein, Saft von 1 Orange, 1 Röhrchen Kapern, je 1/2 Bund Petersilie, Schnittlauch und Zitronenmelisse, 2 hartgekochte Eier, Salz, Pfeffer, 1 Prise Zucker

Die Fenchelknollen putzen, halbieren und in Salzwasser 10 Minuten blanchieren, dann herausnehmen, abtropfen und erkalten lassen. Die Frühlingszwiebeln putzen und in dünne Streifen schneiden. Die Tomaten enthäuten, entkernen und ebenfalls in Streifen schneiden. Die Fenchelknollen anrichten, mit Frühlingszwiebeln und Tomatenstreifen bedecken.
Für die Sauce das Öl mit dem Essig, dem Weißwein und dem Orangensaft verrühren. Die Kapern und die gewaschenen, feingehackten Kräuter unter die Sauce ziehen. Die Eier hacken, ebenfalls zugeben und die Sauce mit Salz, Pfeffer und Zucker abschmecken. Kurz vor dem Servieren über den Fenchelsalat gießen.

Feuersalat Peking

Frische Sojabohnenkeimlinge werden in Schälchen verpackt angeboten. Die Keimlinge sollten durchgehend weiß und nicht braun verfärbt sein, was auf lange bzw. unsachgemäße Lagerung hinweisen würde.
Ein köstlicher abendlicher Imbiß entsteht, wenn Sie französisches Stangenweißbrot, verschiedene Buttermischungen und einen herben Weißwein, am besten einen Riesling, zu dem Salat reichen.

400 g gekochte Rinderzunge, 2 Zwiebeln, 1 rote und 1 grüne Paprikaschote, 1 kleine Dose Sojabohnenkeimlinge, 1/2 Stange Lauch, 3 El Butter, 100 g geräucherter durchwachsener Speck, 1/2 Tasse Tomatenketchup, 1/8 Liter Rotwein, einige Tropfen Tabasco, Salz, Pfeffer, 1 Prise Zucker, 1/2 TL Paprikapulver, 1/2 TL Curry.
Zum Garnieren: 100 g frische Champignons, einige Salatblätter, Kräuterzweige nach Belieben

Die Rinderzunge, die Zwiebeln und die geputzten Paprikaschoten in dünne Streifen schneiden, die Sojabohnenkeimlinge gut abtropfen lassen. Den Lauch waschen und in dünne Scheiben schneiden. Die Zutaten in eine Schüssel geben und vorsichtig miteinander vermischen. Butter in einer Pfanne erhitzen und den in kleine Würfel geschnittenen Speck darin auslassen. Mit Tomatenketchup, Rotwein und einigen Tropfen Tabasco, Salz, Pfeffer, Zucker, Paprika und Curry abschmecken und alles über den Salat gießen. Mindestens 1 Stunde ziehen lassen. Vor dem Servieren die in Scheiben geschnittenen Champignons unter den Salat mischen. Die Salatblätter anrichten, den Salat gleichmäßig darauf verteilen und mit den Kräuterzweigen garnieren.

SAKE
Japanisches, alkoholisches
hergestellt aus Reis
Alkoholgehalt 16-17 % vol
Inhalt 200 ml

Friséesalat Balkan

Krauser Endiviensalat wird auch Friséesalat genannt. Wie Batavia-, Eisberg- und Römersalat, Brunnenkresse und Sauerampfer, mit denen die Gäste in Feinschmeckerrestaurants überrascht wurden, läßt sich auch Friséesalat immer häufiger im Angebot finden.

1 Packung Balkangemüse (TK-Produkt), 1 Zwiebel, 100 g gepökelte Rinderzunge, 100 g gekochter Schinken, 1 kleines Glas gefüllte Oliven, 200 g gekochte Eiernudeln (Muscheln), 2 Friséesalate.
Für die Salatsauce: 100 g Quark, 100 g süße Sahne, 1 TL Salz, 2 Knoblauchzehen, 100 ml Essiggurkenwasser, 1 Essiggurke, 1 Zwiebel, 1 Bund Schnittlauch, 1 Messerspitze Cayennepfeffer, 1 Prise Kümmel, Salz, Pfeffer, 1 Prise Zucker, 1 Bund Petersilie

Das Gemüse auftauen und in Salzwasser kurz garen, herausnehmen und gut abtropfen lassen. Die Zwiebel feinhacken. Die Rinderzunge und den Schinken in dünne Streifen schneiden. Die Oliven abtropfen lassen und in dünne Scheiben schneiden. Die Eiernudeln mit den übrigen Zutaten in eine Schüssel geben und vorsichtig vermischen. Den Friséesalat putzen, waschen und gut abtropfen lassen. In mundgerechte Stücke zerpflücken und unter den Salat heben.
Für die Sauce den Quark mit der Sahne, den mit Salz zerriebenen Knoblauchzehen und dem Essigwasser glattrühren. Die Essiggurke und die Zwiebel feinhacken, mit dem feingeschnittenen Schnittlauch unter das Dressing ziehen. Mit Cayennepfeffer, Kümmel, Salz, Pfeffer und Zucker abschmecken und den Salat damit übergießen. Im Kühlschrank mindestens 30 Minuten ziehen lassen. Dann anrichten, mit frisch gehackter Petersilie bestreuen und servieren.

Frühlingssalat mit Gänseblümchen

Hier lernen Sie einen Garniervorschlag kennen, der vielleicht exotisch anmutet, aber aus etwas besteht, das jedes Kind kennt, nämlich aus *bellis perennis* aus der Familie der Korbblütler, auch Maßliebchen oder Gänseblümchen genannt.

Gänseblümchen werden vielfach in der Kräuterküche verwendet, wo man besonders die zarten Frühlingsknospen schätzt. Fast das ganze Jahr lassen sich die Blättchen und Blütenknospen sammeln, aber gerade im Frühling sehnt sich das Auge, das ja bekanntlich mitißt, nach Abwechslung auf dem Teller – da kommt dieser Frühlingssalat gerade recht!

1 kleiner Kopfsalat, 1 kleiner Radicchio, 100 g Erdbeeren, 1 Bund Frühlingszwiebeln.
Für die Salatsauce: 150 g saure Sahne, 1 EL mittelscharfer Senf, 1 EL Honig, 2 EL Essig, Saft von 1 Zitrone, Salz, Pfeffer, 1 Bund Estragon.
Zum Garnieren: einige Gänseblümchen

Den Kopfsalat und den Radicchio putzen, waschen, gut abtropfen lassen und in mundgerechte Stücke zerteilen. Die geputzten Erdbeeren halbieren. Die vorbereiteten Frühlingszwiebeln in dünne Streifen schneiden. Die Salatzutaten in einer Schüssel vorsichtig miteinander vermischen.

Für die Sauce die saure Sahne mit dem Senf, dem Honig, Essig und Zitronensaft glattrühren. Mit Salz und Pfeffer abschmecken. Den verlesenen, gewaschenen und feingeschnittenen Estragon unter das Dressing ziehen und den Salat damit anmachen. Den Salat anrichten und mit den vorsichtig gewaschenen Gänseblümchen garniert servieren.

Gurken in Dillsahne

Wenn es um die Beurteilung von Gurken hinsichtlich ihres Aussehens geht, sind sich die Verbraucher einig: eine schöne Gurke sollte gerade und nicht krumm sein! Bei den angebotenen Treibhausgurken handelt es sich deshalb um ausschließlich weibliche, sich selbst befruchtende Pflanzen. Männliche Pflanzen sind nämlich leider unerwünscht krumm. Obwohl der Wuchs nichts am Geschmack ändert, wird er bei der Einteilung in Handelsklassen ebenfalls mitberücksichtigt.
Freilandgurken werden von August bis September reif und stammen meist aus der Umgegend. Ihr Geschmack ist intensiver und ihre Schale härter als die der Treibhausgurken.

1 Salatgurke, 2 Tomaten, 2 mittelgroße Zwiebeln, 1 EL Salz.
Für die Sauce: 1 EL Kräutersenf, 2 EL Öl, 4 EL Essig, 100 g süße Sahne, 1 EL Borretsch, 1 TL Basilikum, Salz, Pfeffer, 1 Prise Zucker, 1 Bund Dill

Die Salatgurke waschen, halbieren, mit einem Teelöffel die Kerne herauslösen und die Gurke in möglichst dünne Scheiben schneiden. Die Tomaten enthäuten, entkernen, in kleine Würfel schneiden und mit den feingehackten Zwiebeln unter die Salatgurke mischen. Mit dem Salz bestreuen und mindestens 1 Stunde ziehen lassen.
Für die Sauce den Kräutersenf mit dem Öl, dem Essig und der Sahne verrühren. Mit Borretsch, Basilikum, Salz, Pfeffer und Zucker abschmecken. Den Gurkensaft abgießen und die Gurken mit dem Dressing übergießen. Nochmals abschmecken und mit dem feingehackten Dill bestreut servieren.

Heringssalat

Die rote Bete gibt dem Heringssalat das gewisse Etwas und die Farbe. Der Farbstoff Antozyan ist für die typische, rotviolette Färbung verantwortlich. Zwar werden rote Rüben meist gekocht verzehrt, in Suppen und als Beilagen, aber man kann sie auch roh essen.

100 g gekochte Kartoffeln, 100 g rote Bete, 200 g gekochtes Rindfleisch, 4 Salzheringe, 1 Zwiebel, 1 Apfel, 1 kleine Dose Mischgemüse, 1 kleine Dose grüne Bohnen.
Für die Salatsauce: 150 g saure Sahne, 50 g Mayonnaise, 4 EL Essig, 1 EL mittelscharfer Senf, Salz, Pfeffer, 1 Prise Zucker, 2 Bund Dill

Die Kartoffeln in Würfel schneiden. Rote Bete ebenfalls in Würfel schneiden und in Salzwasser kurz blanchieren. Das Rindfleisch würfeln, die Salzheringe entgräten und ebenfalls in kleine Würfel schneiden. Die Zwiebel feinhacken. Den Apfel schälen, entkernen und würfeln. Das Mischgemüse und die Bohnen abtropfen lassen. Alle Salatzutaten in eine Schüssel geben und mischen.
Für die Sauce die Sahne mit der Mayonnaise, dem Essig und dem Senf glattrühren, mit Salz, Pfeffer und Zucker abschmecken. Die Salatsauce über den Salat geben und alles vorsichtig mischen. Mit feingehacktem Dill bestreuen, in Salatschalen füllen und servieren.

Italienischer Salat

Italien gilt als das Salat-Land schlechthin, und in vielen deutschen Restaurants findet sich ein italienischer Salat auf der Speisekarte, der aber meist nichts mit dem in Italien angebotenen zu tun hat. Dieser Salat verdankt sein italienisches „Image“ Mozzarella, dem italienischen Käse (original mit Büffelmilch hergestellt) und Basilikum. Frisches Basilikum wird gehackt oder im Mörser zerstoßen an die Speisen gegeben, bei warmen Gerichten erst in den letzten Garminuten, um das feine Kräuteraroma nicht zu zerkochen. Im Salat sehen kaum zerkleinerte Blättchen auch sehr hübsch aus. Deshalb einige Blättchen für die Garnitur zurückbehalten.

400 g grüne Bohnen, 4 Tomaten,
100 g Mozzarella, 1 rote Zwiebel.
Für die Salatsauce: 4 EL Öl, 1 TL Salz,
2 Knoblauchzehen, 1/16 Liter Weißwein,
4 EL Essig, 1 Prise Zucker, Salz, Pfeffer,
1 Bund Basilikum

Die Bohnen putzen und in Salzwasser etwa 8 bis 10 Minuten garen, herausnehmen und gut abtropfen lassen. Die Tomaten, den Mozzarella und die Zwiebel in dünne Scheiben schneiden. Alle Zutaten dekorativ auf Tellern anrichten. Das Öl in einer Pfanne erhitzen und die mit Salz zerriebenen Knoblauchzehen darin anschwitzen. Mit Weißwein ablöschen, mit Essig, Zucker, Salz und Pfeffer würzen. Die Sauce noch warm über den Salat geben und mit verlesenen, gewaschenen und frisch geschnittenen Basilikumblättchen bestreuen.

Karamelisierter Gemüsesalat

So lange es Wein gibt, so lange gibt es auch schon Essig. Die Römer schätzten besonders Essig aus Ägypten, der vermutlich aus Malz gewonnen wurde. Die Herstellung von Essig blieb über die Jahrhunderte gleich. Obstessig, der hier verwendet werden sollte, wird in Deutschland meist aus Apfelwein hergestellt.

600 g Schweinefilet, 1 TL Zitronenpfeffer, 1 TL Thymian, Salz, Pfeffer, 3 EL Butterschmalz zum Braten, 2 EL Butter, 3 EL Zucker, 4 Karotten, 1 Bund Frühlingszwiebeln, 100 g Erbsen (TK-Produkt), 200 g Broccoliröschen, 1/16 Liter Weißwein, 2 EL Obstessig, 1 TL zerstoßene Korianderkörner, 1 Messerspitze Muskat, Salz, Pfeffer, 1 kleiner Eichblattsalat

Das küchenfertige Schweinefilet mit Zitronenpfeffer und Thymian einreiben. Mit Salz und Pfeffer würzen und im Butterschmalz braten, herausnehmen, in Alufolie wickeln und erkalten lassen. Die Butter in einer Pfanne erhitzen und den Zucker darin unter ständigem Rühren karamelisieren lassen. Die geschälten und in Scheiben geschnittenen Karotten, die geputzten und in Stücke geschnittenen Frühlingszwiebeln, die Erbsen und die Broccoliröschen zum Zucker geben und gut verrühren. Mit dem Weißwein ablöschen, mit Obstessig, Koriander, Muskat, Salz und Pfeffer würzen und zugedeckt bei mittlerer Hitze 10 Minuten dünsten lassen. Das Schweinefilet in dünne Scheiben schneiden, unter das Gemüse geben, von der Kochstelle nehmen und erkalten lassen. Den Eichblattsalat verlesen, waschen und abtropfen lassen, in mundgerechte Stücke teilen, mit den übrigen Zutaten mischen, abschmecken und servieren.

Karottensalat

Möhren, Mohrrüben, gelbe Rüben und schlicht Wurzeln heißen die schmackhaften gelben Wurzeln, die so reich an Provitamin A sind. Außerdem enthalten sie verschiedene B-Vitamine und Vitamin C, Zucker und Eiweiß. Sie gelten als blutreinigend und wachstumsfördernd und stärken die Sehkraft der Augen. Kaum zu glauben, daß sie bei all dieser gesundheitsfördernden Eigenschaften dann auch noch so gut schmecken!

500 g Karotten, 2 EL Butter, 1 Zwiebel, 1/8 Liter Fleischbrühe, 1/4 Liter Sekt oder Champagner, Salz, Pfeffer, 1 Prise Zucker, 1 Bund Kerbel, 1 Bund Schnittlauch, 150 g Crème fraîche, 4 EL Essig, 2 cl Orangenlikör

Die Karotten schälen und in dünne Scheiben schneiden. Die Butter in einer Pfanne erhitzen und die feingehackte Zwiebel darin glasig dünsten. Die Karottenscheiben zugeben und kurz mitdünsten. Mit der Fleischbrühe und dem Sekt auffüllen, mit Salz, Pfeffer und Zukker abschmecken und 10 Minuten dünsten. Den verlesenen Kerbel waschen und feinhakken, ebenfalls den Schnittlauch feinhacken und beides am Ende der Garzeit zu den Karotten geben. Anschließend von der Kochstelle nehmen und erkalten lassen. Die Crème fraîche mit dem Essig und dem Orangenlikör glattrühren und schaumig schlagen. Mit Salz und Pfeffer abschmecken. Die Karotten anrichten, mit dem Schaum überziehen und servieren.

Eine nicht alltägliche Gourmetbeilage zu Fleisch, zum Beispiel zu einem festlich angerichteten Rinderfilet.

Kerbel-Spinat-Salat

Kerbel gibt diesem Frühlingssalat erst die intensive Würze. Kerbel ist ein richtiges Frühlingskräutlein, reich an Vitamin C und ideal für eine aufbauende Frühjahrskur. Seit sich unsere Küche wieder mehr auf ihre „guten" Traditionen besinnt, wird Kerbel verstärkt angeboten. Wie alle frischen Kräuter verdient auch er eine schonende Behandlung: in einer Schüssel waschen, gut abtrocknen, von den Stielen zupfen und feinhacken.

2 Bund Kerbel, 500 g frischer Spinat,
2 Rettiche, 2 Bund Radieschen,
1/8 Liter Fleischbrühe, 1/8 Liter Öl,
2 EL Essig, 2 EL Zitronensaft, 1 EL scharfer Senf, 1 EL Tomatenketchup, 1 TL Salz,
2 EL Zucker, 1 TL schwarzer Pfeffer,
2 hartgekochte Eier

Den Kerbel verlesen, waschen und so fein wie möglich hacken. Den Spinat putzen, waschen und auf einem Sieb abtropfen lassen. Die Rettiche und die Radieschen waschen und in feine Scheiben schneiden. Brühe, Öl, Essig, Zitronensaft, Senf, Tomatenketchup, Salz, Zucker und Pfeffer miteinander verrühren und dann die gehackten, hartgekochten Eier unterheben.

Spinat, Rettiche und Radieschen und die Kräuter in eine Schüssel geben. Die Sauce unterziehen und gut vermischen.

Kohlrabisalat mit Champignons

Ein altes Küchenlexikon gibt Auskunft darüber, wie im 19. Jahrhundert der kulinarische Wert des zarten Kohlrabigemüses eingeschätzt wurde: „Kohlrabi vermag in keiner Gestalt aber besondere Begeisterung zu wekken, da sein Geschmack stets ein fader bleibt und oft genug ins Holzige übergeht."
Dieser Meinung ungeachtet sollte Kohlrabi nicht verschmäht werden. Man kann ihn füllen, in Scheiben schneiden oder raspeln. Auch das zarte Blattgrün kann man in Streifen geschnitten oder gehackt über das Gericht geben.

500 g frische Kohlrabi, 1 Zwiebel,
1/16 Liter Weißwein, 1/16 Liter Fleischbrühe,
100 g Champignons, 2 Kästchen Kresse,
4 Tomaten.
Für die Salatsauce: 100 g süße Sahne, Salz,
Pfeffer, Saft von 1 Zitrone, 1 Prise Zucker,
1 Bund Minze

Die Kohlrabi schälen und in dünne Stifte schneiden, in einen Topf geben, mit der feingehackten Zwiebel bestreuen und mit Weißwein und Fleischbrühe 10 – 15 Minuten dünsten. Die Champignons putzen und in kleine Scheiben schneiden. Die Kresse verlesen, waschen und gut abtropfen lassen. Die Tomaten enthäuten, entkernen und in Würfel schneiden. Kohlrabi aus dem Sud nehmen, gut abtropfen lassen, mit den übrigen Zutaten in einer Schüssel vorsichtig mischen.
Für die Sauce die Sahne steifschlagen, mit Salz, Pfeffer, Zitronensaft und Zucker abschmecken. Den Salat mit der Sauce übergießen und mit frisch gehackter Minze bestreuen.

Kopfsalat mit Knoblauchbrot

Kopfsalat gehört zu den Korbblütengewächsen und ist eine einjährige Pflanze. Er entwikkelt eine Blattrosette und später einen geschlossenen Kopf mit glatten, eiförmigen Blättern mit starken Rippen. Die Blätter sind wellig oder gekraust, gelbgrün, rot- oder braungrün. Kopfsalat ist besonders wertvoll durch seine Vitamine und Mineralien. Manche Sorten können im freien Feld überwintern und im Frühling geerntet werden.

1 Kopfsalat, 1 Bund Radieschen,
1 Bund Schnittlauch, 1 Kästchen Kresse.
Für die Salatsauce: 150 g saure Sahne, Saft von 1 Orange, 3 EL Essig, Salz, Pfeffer, 1 Prise Zucker.
4 Scheiben Toastbrot, 1 Knoblauchzehe, 1 TL Salz, 4 EL Butter, einige Zweige Zitronenmelisse

Den Kopfsalat putzen, waschen, abtropfen lassen und in mundgerechte Stücke zerteilen. Die Radieschen putzen, in Scheiben schneiden und mit dem feingeschnittenen Schnittlauch und der verlesenen Kresse unter den Kopfsalat heben.

Für die Sauce die saure Sahne mit dem Orangensaft und dem Essig glattrühren. Mit Salz, Pfeffer und Zucker abschmecken und die Sauce über den Salat gießen. Das Toastbrot in kleine Würfel schneiden, die Knoblauchzehe mit Salz zerreiben und in der Butter braten. Die Toastwürfel ins Knoblauchfett geben und goldgelb backen. Den Salat mit den Knoblauchwürfeln bestreuen und mit Zitronenmelissenzweigen garnieren.

Kürbissalat

Die Heimat des Kürbis ist der amerikanische Kontinent, und schon früh diente Kürbis den Indianern als Nahrungsmittel.
In Europa ließ schon Karl der Große Kürbisse auf seinen Landgütern anbauen. Verzichten Sie bitte nicht auf den süßsauren Geschmack des eingelegten Kürbis, der diesem Salat erst die besondere Geschmacksnote gibt.

200 g gekochtes oder gebratenes Hähnchenfleisch, 100 g Krabben, 200 g Kürbis (süßsauer eingelegt), 100 g frische Champignons, 2 Scheiben Ananas, 1 kleine Dose Mandarinenfilets.
Für die Salatsauce: 150 g Crème fraîche, 4 EL Essig, 1 EL mittelscharfer Senf, 1 Messerspitze Ingwerpulver, 1 TL Curry, 1 EL Johannisbeergelee, Salz, Pfeffer, 1/8 Liter geschlagene Sahne.
Zum Garnieren: 1 Salatgurke, einige Salatblätter, 1 Bund Dill

Das Hähnchenfleisch in kleine Würfel schneiden, mit den gewaschenen und gut abgetropften Krabben in eine Schüssel geben. Den Kürbis abtropfen lassen und in kleine Würfel schneiden. Die Champignons putzen, waschen und in Scheiben schneiden. Die Ananas ebenfalls kleinschneiden und die Mandarinenfilets gut abtropfen lassen. Alle Zutaten zum Hähnchenfleisch geben und alles vorsichtig miteinander vermischen.
Für die Salatsauce die Crème fraîche mit dem Essig und dem Senf verrühren und schaumig schlagen. Mit Ingwerpulver, Curry, Johannisbeergelee, Salz und Pfeffer abschmecken und die geschlagene Sahne unterziehen. Die Sauce vorsichtig über den Salat geben.
Die Salatgurke der Länge nach halbieren, mit einem Teelöffel entkernen und nochmals in der Mitte durchschneiden.

Linsensalat

Linsen gehören zu den ältesten Kulturpflanzen der Welt: Im Land der Pharaonen sollen sie bereits um das Jahr 3000 vor Chr. angebaut worden sein. Auch in der Bibel werden sie erwähnt. Seine Vorliebe für Linsengerichte war Esau mehr wert als sein Erstgeburtsrecht, das er seinem cleveren Bruder Jakob verkaufte.

Ihrem hohen gesundheitlichen Wert verdanken die Hülsenfrüchte, daß sich in den letzten Jahren wieder mehr Köche ihrer annahmen, sowohl aus der Ecke der Vollwertküche als auch von Vertretern der „Neuen Küche".

200 g Linsen (gekocht), 1 Bund Frühlingszwiebeln, 1 säuerlicher Apfel, 1 kleiner Ring Fleischwurst (etwa 500 g), 2 rote Zwiebeln, 1 Bund Schnittlauch, 1/2 Bund Petersilie. Für die Salatsauce: 1/8 Liter Gemüsebrühe, 1 EL mittelscharfer Senf, 1 EL Meerrettich, 4 EL Essig, 2 EL Öl, 1 EL Honig, Pfeffer, Salz

Die gekochten Linsen mit den geputzten und in dünne Streifen geschnittenen Frühlingszwiebeln sowie dem geschälten, entkernten und gewürfelten Apfel in eine Schüssel geben. Die Fleischwurst enthäuten und in kleine Würfel schneiden. Die Zwiebeln schälen und feinhacken. Den Schnittlauch in Röllchen schneiden, die Petersilie feinhacken. Mit den übrigen Zutaten zu den Linsen geben und alles miteinander vermischen.

Für die Sauce die Gemüsebrühe mit dem Senf, dem Meerrettich, dem Essig, Öl und dem Honig verrühren, mit Pfeffer und Salz abschmecken und den Salat mit der Sauce übergießen. Im Kühlschrank mindestens 30 Minuten ziehen lassen, nochmals mit Pfeffer abschmecken und servieren.

Löwenzahnsalat

Wer Löwenzahn schnöde für Unkraut hält, das er aus seinem Garten entfernt, ist selbst schuld, wenn ihm ein kulinarisches Vergnügen entgeht. Wie viele Pflanzen, ist auch dieses „Unkraut" eßbar, und vor allem die jungen Blätter sind geeignet, einem Salat ein angenehm appetitförderndes Aroma zu geben. Man kann den bitteren Geschmack leicht mildern, wenn man die Blätter vorher in Wasser einlegt.

100 g Friséesalat, 100 g Radicchio, 200 g Löwenzahnsalat, 2 rote Zwiebeln, 1 Kästchen Kresse.
Für die Salatsauce: 2 EL Kräutersenf, 2 EL Essig, 4 EL Crème fraîche, 3 EL Öl, Salz, Pfeffer, 1 Prise Zucker, etwas Zitronensaft, 1 Bund Zitronenmelisse.

Die verschiedenen Salate putzen, waschen, gut abtropfen lassen und in mundgerechte Stücke zerteilen. Die Zwiebeln schälen und in Streifen schneiden. Die Kresse verlesen und grob hacken. Alle Zutaten vorsichtig miteinander in einer Salatschüssel vermischen. Für die Sauce den Kräutersenf mit Essig, Crème fraîche und Öl verrühren. Mit Salz, Pfeffer, Zucker und Zitronensaft würzen und die Sauce über den Salat gießen. Mit der Zitronenmelisse bestreut servieren.

Mecklenburger Schwarzwurzelsalat

Die Schwarzwurzel (*scorzonera hispanica*) war ursprünglich in Südeuropa, vor allem in Spanien, beheimatet, worauf der lateinische Name schon hinweist. Der Ursprung dieses Rezepts allerdings liegt weiter östlich, nämlich in Mecklenburg, und die Schwarzwurzeln tun sich dabei zusammen mit dem intensiven Geschmack der Kresse. Zwar schmeckt Gartenkresse nicht so pikant wie ihre „wilde" Schwester, die Brunnenkresse, dafür macht sie sich aber auch nicht so rar, ist überall fast das ganze Jahr über erhältlich und kann sogar auf der Fensterbank gezogen werden.

500 g Schwarzwurzeln (frisch gekocht oder aus der Dose), 250 g Kasseler, 2 Zwiebeln, 2 Orangen, 2 Kästchen Gartenkresse.
Für die Salatsauce: 1 kleines Glas Mayonnaise, 4 EL Ketchup, 4 EL Essig, etwas Worcestersauce, 4 cl Weinbrand, Salz, Pfeffer, 1 Prise Zucker, 1 Bund Estragon

Die Schwarzwurzeln waschen, abbürsten, schälen und in 2 cm große Stücke schneiden. Möglichst beim Schneiden Plastikhandschuhe tragen! Das Kasseler in Streifen schneiden. Die Zwiebeln schälen und in dünne Streifen schneiden. Die Orangen filieren. Die Kresse verlesen, waschen und grob hacken. Alles in einer Schüssel vorsichtig vermischen.
Die Zutaten für die Salatsauce miteinander verrühren, mit Salz, Pfeffer und Zucker abschmecken und über den Salat gießen. Vor dem Servieren den Salat mit frisch gehacktem Estragon bestreuen.

Melonensalat mit Spinat

Er wird von Kennern heiß geliebt und von seinen Gegnern verabscheut: Beim Spinat gehen die Meinungen auseinander! Allerdings sind die Zeiten, in denen Spinat nur lieblos zu Brei verarbeitet wurde und als Kindernahrung diente, endgültig vorbei. Entdecken Sie dieses zarte Gemüse neu, das sich zusammen mit den milden Honigmelonen besonders gut als Salat eignet.

1 Honigmelone, 400 g Spinat, 200 g Schinken, 1 Kästchen Kresse.
Für die Salatsauce: Saft von 1 Zitrone, 100 ml Eierlikör, 50 ml Obstessig, 50 ml Öl, 1/8 Liter Weißwein, Salz, Pfeffer, 1 Messerspitze Cayennepfeffer, 1 EL Zucker, 1 Bund Estragon

Die Honigmelone halbieren, entkernen und Kugeln aus dem Fruchtfleisch ausstechen. Den Spinat putzen, waschen und kleinzupfen. Den Schinken in Scheiben schneiden. Die Kresse verlesen und waschen. Alle Zutaten in einer Schüssel vorsichtig vermischen.

Die Saucenzutaten verrühren und über den Salat gießen. Den Salat in den Melonenhälften servieren und mit den Estragonzweiglein garnieren.

Mexikanischer Salat

Durch ihren frischen, an Zitronen erinnernden Geschmack sind Zitronenmelissenblättchen ein hervorragendes Gewürz für Salate. Ihr Anbau wurde von den alten Griechen, dann den Römern, später den Arabern übernommen und kam schließlich auch in die Klostergärten Europas. Unseren Vorfahren diente sie als Heilmittel gegen Migräne, Gedächtnisausfall und Hysterie. Die Naturheilkunde wendet Zitronenmelisse gegen Magenbeschwerden und Schlaflosigkeit an.

650 g Tintenfisch (tiefgekühlt), Saft von 1 Zitrone, 1/2 TL Salz, 1/2 TL weißer Pfeffer, 6 EL Öl, 1 TL Senf.
Zum Garnieren: 2 Tomaten, 1 Zwiebel, einige gefüllte Oliven, 4 kleine Peperoni, 1 Bund Zitronenmelisse

Den Tintenfisch langsam im Kühlschrank auftauen lassen. Anschließend im kochenden Salzwasser 15 Minuten garen, abgießen, erkalten lassen und in Ringe schneiden. Zitronensaft, Salz, Pfeffer, Öl und Senf glattrühren. Den Tintenfisch in die Marinade legen und ziehen lassen. In der Zwischenzeit den Strunk der Tomaten entfernen, oben über Kreuz einschneiden, kurz in kochendes Wasser tauchen und die Haut abziehen. Dann die Tomaten halbieren, entkernen und vierteln. Die Zwiebel schälen, in Ringe schneiden und mit den Tomaten unter den marinierten Tintenfisch heben. Das Ganze auf 4 Tellern anrichten, mit Oliven, Peperoni und Zitronenmelisse garnieren.

Münchner Zwiebelsalat

Beim Kauf von Zwiebeln ist darauf zu achten, daß sie gut ausgereift und trocken sind. Sie dürfen keine grünen Spitzen zeigen und sich nicht weich anfühlen. Man sollte sie nicht im Kühlschrank, aber kühl und trocken aufbewahren. Ein Tip: Erscheinen Ihnen die Zwiebeln für den Salat als zu scharf, kurz mit kochendem Wasser blanchieren.

200 g Leberkäse, 200 g Emmentaler, 4 mittelgroße Zwiebeln, 4 Gewürzgurken, 1 Bund Schnittlauch, 1 Bund Petersilie.
Für die Salatsauce: 100 ml Öl, 100 ml Essig, 1/16 Liter entfettete Fleischbrühe, etwas Bier, 1 TL Rübensirup oder Honig, 1 TL Majoran, 1 Messerspitze gemahlener Kümmel, Salz, Pfeffer

Den Leberkäse und den Emmentaler in dünne Streifen schneiden. Die Zwiebeln schälen, ebenfalls in dünne Scheiben schneiden und eventuell in Salzwasser kurz blanchieren. Dann herausnehmen, abtropfen und erkalten lassen. Die Gurken ebenfalls in dünne Streifen schneiden. Den Schnittlauch feinschneiden und die Petersilie feinhacken. Alle Zutaten in eine Schüssel geben und vorsichtig miteinander vermengen.
Für die Sauce das Öl mit Essig, Fleischbrühe, Bier und dem Rübensirup glattrühren. Mit Majoran, Kümmel, Salz und Pfeffer abschmecken und die Sauce über den Salat gießen. Im Kühlschrank mindestens 30 Minuten durchziehen lassen, herausnehmen, abschmecken und gleich servieren.

Papayasalat

In der Mischung von Neuem mit Altbewährtem liegt oft ein besonderer Reiz, auch auf kulinarischem Gebiet. In diesem Salat entsteht durch die Kombination der Erdbeeren und Walnüsse mit den exotischen Papayas und Pistazien ein Gaumenkitzel, der durch die Aromatisierung mit Maraschino noch verstärkt wird. Ein leckeres, leichtes Dessert und der richtige Abschluß eines mehrgängigen Menüs.

2 mittelgroße Papayas, 200 g frische Erdbeeren, 50 g gehackte Walnüsse, 50 g gehackte Pistazien, Saft von 1 Zitrone, 4 cl Maraschino, 2 EL Puderzucker, Zucker nach Geschmack, 1 Bund Zitronenmelisse

Die Papayas schälen, halbieren, entkernen und in dünne Scheiben schneiden. Die Erdbeeren putzen und halbieren. Die Früchte mit den Walnüssen und Pistazien in eine Schüssel geben, mit Zitronensaft und Maraschino aromatisieren. Den Puderzucker darüberstreuen, im Kühlschrank mindestens 30 Minuten ziehen lassen. Anschließend den Salat nach Geschmack zuckern und mit Zitronenmelisse garnieren.

Reichen Sie dazu feine Wäffelchen oder Cigarettes Russes und ein Gläschen Likör.

Paprika-Rindfleisch-Salat

Wie Tomate und Kartoffel ist auch die Paprika ein Nachtschattengewächs. Nach der Entdeckung Amerikas brachte Christoph Kolumbus 1499 die ersten Berichte über Paprika nach Spanien. Der pfefferähnliche, scharfe Geschmack klingt in vielen Sprachen im Wort für Paprika an. Gemüse-, Gewürz- und Tomatenpaprika, der vor allem zu Mark verarbeitet wird, sind die gängigsten Sorten.
Die gelben und roten Schoten machen nur einen geringen Teil des Gemüsepaprikas aus; meist sind die im Handel angebotenen Schoten grün. Grüner Paprika ist mild und würzig, roter etwas weniger intensiv, und die gelben Schoten schmecken am mildesten.

Je 1 rote, grüne und gelbe Paprikaschote, 2 Zwiebeln, 4 Tomaten, 250 g gekochtes Rindfleisch, 100 g Edamer.
Für die Salatsauce: 1/8 Liter Fleischbrühe, 1 TL Salz, 2 Knoblauchzehen, 4 EL Öl, 3 EL Essig, Salz, Pfeffer, 1 Prise Zucker, 1 Bund Schnittlauch, 1 Bund Petersilie

Die Paprikaschoten putzen, halbieren, entkernen, waschen, gut abtropfen lassen und in Streifen schneiden. Die Zwiebeln schälen und ebenfalls in Streifen schneiden. Die Tomaten enthäuten, entkernen und kleinschneiden, ebenso das Rindfleisch und den Käse kleinschneiden. Alle Zutaten in eine Schüssel geben und vorsichtig miteinander vermischen.
Für die Sauce die Fleischbrühe mit den mit Salz zerriebenen Knoblauchzehen, dem Öl, Essig, Salz, Pfeffer und Zucker abschmecken und über den Salat gießen. Schnittlauchröllchen und die feingehackte Petersilie unter den Salat heben und alles mindestens 30 Minuten im Kühlschrank durchziehen lassen. Vor dem Servieren nochmals abschmecken.

Partysalat mit Radieschen

Während der Rettich schon früher für Europa nachgewiesen werden kann, taucht das Radieschen erst nach dem Mittelalter auf. Von Juni bis Oktober sind Freilandradieschen auf dem Markt, klein und scharf, prall, knallrot und würzig, so richtig geeignet, Farbflecke auf den Salat zu setzen. Zwar enthalten Radieschen nicht viele Kalorien (20 kcal/80 Joule pro 100 g), aber sie wirken appetitanregend, so daß bei Diät Vorsicht geboten ist.

200 g gekochte Hörnchennudeln, 1 Zwiebel, 100 g gekochter Schinken, 100 g gekochtes Rindfleisch, 100 g Emmentaler, je 1/2 rote und grüne Paprikaschote, 2 Bund Radieschen, 1 kleiner Eisbergsalat.
Für die Salatsauce: 150 g Joghurt, 150 g Mayonnaise, 3 EL Sojasauce, 3 EL Essig, Salz, Pfeffer, 1 Prise Zucker, etwas Weinbrand, 1 Bund Schnittlauch

Die Nudeln in eine Schüssel geben. Die Zwiebeln feinhacken. Den Schinken, das Rindfleisch, den Emmentaler und die geputzten Paprikaschoten in Streifen schneiden, ebenso die Radieschen. Den Eisbergsalat putzen, waschen, gut abtropfen lassen und in mundgerechte Stücke teilen. Alle Zutaten zu den Nudeln geben und vorsichtig miteinander vermischen.

Für die Sauce Joghurt mit Mayonnaise und Sojasauce glattrühren. Mit Essig, Salz, Pfeffer und Zucker abschmecken, mit Weinbrand aromatisieren. Die Sauce über den Salat gießen und mit frischem Schnittlauch bestreuen.

Ratsherrensalat

Bei der Auswahl des verwendeten Essig gilt dasselbe wie für Öl: Wer die Wahl hat, hat die Qual, und sicher spielt der persönliche Geschmack eine wesentliche Rolle. Immer aber ist ausschlaggebend, daß der Essig niemals im Salat „herausschmecken" darf, sondern mit dem Salat harmoniert. Am vielseitigsten einzusetzen ist sicher ein guter Weißwein- oder Rotweinessig, der zu vielen Salaten paßt.

400 g Kalbsleber, 4 EL Butter, 1 Zwiebel, 1 TL Salz, 1 Knoblauchzehe, 125 g Maronen, 1 kleine Dose Mandarinenfilets, 1/16 Liter Weißwein, 2 EL Essig, 150 g Crème fraîche, Salz, weißer Pfeffer, 1 Prise Zucker, 1 Bund Schnittlauch, 4 große Kopfsalatherzen, Saft von 1 Zitrone, 1 EL Honig, 2 EL Essig, 150 g Brunnenkresse

Die küchenfertige Kalbsleber in dünne Streifen schneiden. Die Butter in einer Pfanne erhitzen, die Kalbsleber darin braten, herausnehmen und bereitstellen. Die feingehackte Zwiebel und die mit Salz zerriebene Knoblauchzehe ins verbliebene Bratfett geben und glasig andünsten, die Maronen dazufügen, kurz mitschwitzen und alles dann erkalten lassen. Die abgetropften Mandarinenfilets mit der Kalbsleber und den übrigen Zutaten in einer Schüssel vorsichtig vermischen. Den Weißwein mit dem Essig und der Crème fraîche schaumig schlagen. Mit Salz, Pfeffer und Zucker abschmecken und die Schnittlauchröllchen unter die Sauce ziehen.

Die geputzten, gewaschenen und abgetropften Salatherzen in einer Schale anrichten. Den Zitronensaft, den Honig und den Essig verrühren und darübergeben. Die gewaschene und abgetropfte Brunnenkresse zu den Salatherzen geben, die Kalbsleber darüber verteilen und jede Portion mit etwas Schnittlauchsauce überziehen.

Reissalat Neptun

Dieser Salat ist ein echter Schlemmersalat. Vorneweg ein kurzes Wort zu den Gourmet-Zutaten: Coquilles St. Jacques oder Jakobsmuscheln gehören zur Familie der Kammmuscheln. Ihre Heimat sind das Mittelmeer, die Küsten des Atlantiks und die amerikanischen Küstengewässer. Unter der Bezeichnung Tiefkühl-Coquilles sind sie in den Lebensmittelabteilungen zu finden.

Der im Geschmack nußartige Wildreis ist eine echte Delikatesse. Seine Zubereitung ist nicht schwierig, erfordert allerdings etwas mehr Zeit als gewöhnlicher Reis: mit der vierfachen Menge Wasser rund 45 Minuten.

1 Stange Staudensellerie, 1 Zucchini, 2 Tomaten, 1 Zwiebel, 100 g Jakobsmuscheln, 100 g wilder Reis (gekocht). Für die Salatsauce: 6 EL Öl, 4 EL Essig, 1 TL Salz, 2 Knoblauchzehen, 1/8 Liter Fleischbrühe, Salz, Pfeffer, einige Radicchioblätter, 1 Kästchen Kresse, Zitronenmelisse

Die Staudensellerie putzen, waschen und in hauchdünne Scheibchen schneiden. Zucchini waschen, halbieren und ebenfalls in Scheiben schneiden. Die Tomaten enthäuten, entkernen und in Würfel schneiden. Die Zwiebeln feinhacken. Die Jakobsmuscheln unter fließendem Wasser abwaschen, mit dem Reis und den übrigen Zutaten in eine Schüssel geben und vorsichtig miteinander vermischen.

Für die Sauce das Öl mit dem Essig, den mit Salz zerriebenen Knoblauchzehen und der Fleischbrühe verrühren. Mit Salz und Pfeffer abschmecken und die Sauce unter die Zutaten heben. Den Salat im Kühlschrank mindestens 1 Stunde ziehen lassen.

Die Radicchioblätter anrichten, den Salat gleichmäßig darauf verteilen, mit Kresse und Zitronenmelisse garnieren.

Rettichsalat

Radieschen sind zwar nur entfernt mit Rettichen verwandt, doch passen sie in einem deftigen, rustikalen Wurstsalat gut zusammen. Schwaben und Bayern lieben seit jeher Rettiche mehr als Norddeutsche, und sie sind auch bereit, für Spitzenqualität hohe Preise zu zahlen.

1 großer Rettich, 2 Bund Radieschen, 2 Zwiebeln, 600 g Lyoner Wurst, 2 Bund Schnittlauch, 1 Bund Petersilie.
Für die Salatsauce: 100 ml Öl, 100 ml Essig, 1/8 Liter Fleischbrühe, Salz, Pfeffer, 1 Prise Zucker

Den Rettich schälen und hobeln. Die Radieschen putzen, waschen und in Scheiben schneiden. Die Zwiebeln schälen und ebenfalls in Scheiben schneiden. Die Lyoner Wurst enthäuten und in Scheiben schneiden. Den Schnittlauch waschen und in Röllchen schneiden. Die gewaschene und abgetropfte Petersilie feinhacken. Alle Zutaten in einer Schüssel vorsichtig miteinander vermischen. Die Zutaten für die Salatsauce miteinander verrühren, mit Salz, Pfeffer und Zucker abschmecken und über den Salat gießen. Eine halbe Stunde im Kühlschrank ziehen lassen, nochmals abschmecken und servieren.
Dazu paßt rustikales Bauernbrot und ein kühles Bier, dann wird der Wurstsalat ein geeigneter Imbiß für eine Skat- oder sonstige fröhliche Runde.

Rindfleischsalat mit Pfifferlingen

Nur die feinsten Zutaten werden hier verwendet. Statt Eichblattsalat paßt auch gut ein zarter Kopfsalat, auf dem die restlichen Zutaten angerichtet werden.
Die „Mode“, Salat mit Speckwürfeln anzumachen, brachte Liselotte von der Pfalz aus ihrer deutschen Heimat an den Hof des Sonnenkönigs, der schnell daran Gefallen fand.

400 g Rinderfilet, Fett zum Braten, Salz, Pfeffer.
2 EL Butter, 100 g durchwachsener, geräucherter Speck, 1 Zwiebel, 100 g frische Pfifferlinge, 1/8 Liter Weißwein, 200 g Crème fraîche, 3 EL geschlagene Sahne, Saft von 1/2 Zitrone, 1 Prise Muskat, Salz, Pfeffer, je 1/2 Bund Schnittlauch und Petersilie, 1 Eichblattsalat, 4 EL Pinienkerne, 2 EL Pistazien

Das küchenfertige Rinderfilet im Fett je nach Geschmack medium oder durch braten, dann herausnehmen, salzen, pfeffern, in Alufolie wickeln und erkalten lassen.
In der Zwischenzeit die Butter in einer Pfanne erhitzen und den in kleine Würfel geschnittenen Speck auslassen. Die feingehackte Zwiebel dazugeben und glasig andünsten. Die gewaschenen Pfifferlinge zugeben, kurz mitdünsten. Mit dem Weißwein ablöschen, die Crème fraîche und die geschlagene Sahne unterziehen. Mit Zitronensaft, Muskat, Salz und Pfeffer abschmecken. Die gehackten Kräuter ebenfalls unterziehen. Dann von der Kochstelle nehmen und erkalten lassen. Das Filet in Würfel schneiden und unter die Pfifferlinge mischen. Den gewaschenen Eichblattsalat abtropfen und in mundgerechte Stücke zerteilen, in Cocktailschalen anrichten und die Pfifferlinge und das Fleisch darauf verteilen. Mit den Nüssen bestreuen und servieren.

Römischer Salat

Der Lattughino ist ein Wintersalat, der aus dem Süden zu uns kommt und eines mit unseren Pflücksalaten gemeinsam hat: Er bildet keine festen Salatköpfe. Die kleinen, locker zusammengewachsenen Blätter sind in sich gewellt, leicht kraus und violett gerandet. Der Lattughino hat einen schwach-herben Geschmack und eignet sich sehr gut zum Mischen mit anderen Blattsalaten.

2 Tomaten, 100 g frische Champignons, 1 Zwiebel, 100 g frischer Spinat, 100 g Lattughino, 100 g Chicorée, 100 g Krabben.
Für die Salatsauce: 1/8 Liter Weißwein, Saft von 2 Zitronen, 2 El Öl, 1 Zwiebel, Salz, Pfeffer, je 1 Bund Schnittlauch und Petersilie

Die Tomaten enthäuten, entkernen und in Würfel schneiden. Die Champignons putzen und in Scheiben schneiden, ebenso die Zwiebel. Den Spinat, den Lattughinosalat und den Chicorée putzen, waschen und abtropfen lassen, dann in mundgerechte Stücke zerteilen. Die Krabben mit den übrigen Zutaten in eine Schüssel geben und vorsichtig miteinander vermischen.
Für die Sauce den Weißwein mit dem Zitronensaft, dem Öl und der pürierten Zwiebel vermischen, mit Salz und Pfeffer würzen. Den Salat mit der Sauce begießen und in Salatkelchen anrichten. Mit frisch geschnittenem Schnittlauch und gehackter Petersilie bestreut servieren.

Rosenkohlsalat mit Specksauce

Der „Kohl mit den vielen Köpfen", wie der Rosenkohl in einem botanischen Lexikon des 16. Jahrhunderts genannt wird, entwickelt einen hohen Strunk mit Blättern, an deren Winkeln die Röschen sitzen. Außer grünen Sorten gibt es auch solche mit rotvioletten Röschen. Da diese Kohlart auch Fröste verträgt, kann sie gut im Winter geerntet werden. Als Beilage zu feinen winterlichen Wild- und Fleischgerichten paßt der Salat hervorragend – eine Abwechslung für alle, die Rosenkohl nur als Gemüsebeilage kennen.

600 g Rosenkohlröschen, 1/4 Liter Fleischbrühe, 1/8 Liter Weißwein, Saft von 1 Zitrone, Salz, Pfeffer, 1 Prise Muskat, 4 EL Öl, 100 g geräucherter durchwachsener Speck, 2 Zwiebeln, 4 EL Essig, 150 g Crème fraîche, Salz, Pfeffer, 1 Bund Schnittlauch

Die Rosenkohlröschen verlesen, waschen und abtropfen lassen. Die Fleischbrühe mit dem Weißwein und dem Zitronensaft in einen Topf geben und zum Kochen bringen. Mit Salz, Pfeffer und Muskat würzen, die Rosenkohlröschen dazugeben und 10 Minuten dünsten. Anschließend von der Kochstelle nehmen und erkalten lassen. Das Öl in einer Pfanne erhitzen und den in kleine Würfel geschnittenen Speck darin auslassen. Die feingehackten Zwiebeln dazugeben und glasig dünsten. Mit Essig ablöschen und mit der Crème fraîche auffüllen. Mit Salz und Pfeffer abschmecken. Die Rosenkohlröschen aus dem Sud nehmen, abtropfen lassen und mit der Specksauce anmachen. In Schälchen füllen und mit Schnittlauchröllchen bestreuen.

Roter Salat

Die Wild-Bete ist der gemeinsame Vorgänger aller Kulturrüben, wozu auch die rote Rübe oder Rote Bete zählt. Diese Wildform verbreitete sich von den Steppengebieten Asiens bis zur Nordsee. In der Antike kannte man eine rote und weiße Rübe, die zu Nahrungs- und Futterzwecken diente. Rote Rüben sind besonders in Osteuropa beliebt und Bestandteil vieler typischer Gerichte.

500 g rote Bete, 1 säuerlicher Apfel,
50 g gehackte Walnüsse, 1 Zwiebel,
200 g Joghurt, 1 EL mittelscharfer Senf,
1 EL Meerrettich, 2 EL Essig, 1 EL Honig,
Salz, Pfeffer, 1/2 TL gemahlener Kümmel,
1 Prise Cayennepfeffer, 1 Bund Schnittlauch

Die rote Bete schälen und fein raspeln. Den Apfel schälen, entkernen und ebenfalls raspeln. Die rote Bete und den Apfel mit den Walnüssen und der gehackten Zwiebel in einer Schüssel vermischen. Joghurt mit Senf, Meerrettich, Essig und Honig verrühren, mit Salz, Pfeffer, Kümmel und Cayennepfeffer abschmecken. Über den Rohkostsalat geben und im Kühlschrank mindesten 30 Minuten ziehen lassen. Nochmals abschmecken und mit Schnittlauchröllchen bestreuen.

Rotkohlsalat

Wie Rosenkohl, Grünkohl und Kohlrabi gehört Rotkohl zu der bei uns heimischen Familie *brassica oleracea.* Am nächsten ist Rotkohl allerdings mit dem Weißkohl verwandt, von dem er sich außer durch seine Farbe durch etwas höheren Eiweißanteil, mehr Vitamine und Mineralstoffe unterscheidet.

1/2 Rotkohl, je 1 rote und grüne Paprikaschote, 2 Zwiebeln, 250 g Pökelzunge.
Für die Salatsauce: 150 g Mayonnaise, 150 g saure Sahne, 1/8 Liter Essig, 2 Knoblauchzehen, Salz, Pfeffer, 1 EL gemahlener Kümmel

Den Rotkohl halbieren, den Strunk entfernen, dann den Kohl fein hobeln, in Salzwasser kurz blanchieren, herausnehmen, gut abtropfen lassen und in eine Schüssel geben. Die Paprikaschoten putzen, waschen, entkernen und in dünne Streifen schneiden. Die Zwiebeln schälen, feinhacken. Die Pökelzunge in feine Streifen schneiden und alle Zutaten in einer Schüssel vermischen. Die Mayonnaise mit der sauren Sahne und dem Essig in einer Schüssel glattrühren. Die Knoblauchzehen mit Salz zerreiben und unter das Dressing ziehen. Die Sauce mit Salz, Pfeffer und Kümmel abschmecken, über den Salat gießen.

Salat Monte Carlo

Die ältesten Abbildungen von Salat erinnern an den Römischen Salat, den man auch Sommerendivie nennt. Er ist wahrscheinlich der älteste aller Salate überhaupt und war möglicherweise schon den alten Ägyptern bekannt, ein Salat mit Geschichte also. Heute ist er besonders in den südlichen Ländern, vor allem in Italien und Frankreich, beliebt. Der leicht bittere Geschmack läßt sich etwas durch Olivenöl mildern.

1 Römischer Salat, 100 g frische Campignons, 1 Bund Radieschen, 2 Tomaten, 1 Zitrone, 100 g Gorgonzola, 100 g Bel Paese (italienischer Butterkäse), einige gesalzene Erdnüsse. Für die Salatsauce: 4 EL Olivenöl, 4 EL Essig, Saft von 1 Zitrone, Saft von 1 Orange, 1 EL Meerrettich, Salz, Pfeffer, 1 Prise Zucker, 1 Bund Basilikum, 1 Bund Oregano

Den Salat putzen, waschen, gut abtropfen lassen und in mundgerechte Stücke zerteilen. Die Champignons und die Radieschen putzen und in Scheiben schneiden. Die Tomaten enthäuten, entkernen und in Würfel schneiden. Die Zitrone schälen und filieren. Den Käse in kleine Würfel schneiden, mit den Erdnüssen und den übrigen Zutaten in einer Schüssel vorsichtig vermischen.

Für die Sauce das Olivenöl mit dem Essig, dem Zitronensaft, dem Orangensaft und dem Meerrettich verrühren. Mit Salz, Pfeffer und Zucker abschmecken und die verlesenen, gewaschenen und feingehackten Kräuter unterziehen. Die Sauce zum Salat geben und alles vermischen. Mindestens 30 Minuten im Kühlschrank ziehen lassen, nochmals abschmekken und servieren.

Salat Niçoise

Nur frische und keine gekochten oder sonstwie haltbar gemachten Zutaten sollen in diesen französischen Salat, dessen Ruf weit über Frankreichs Grenzen reicht. Da in Südfrankreich besonders „aus dem vollen“ geschöpft werden kann, was die Frische der Zutaten betrifft, ist kein Mangel, daß gekochte Meeresfrüchte oder Kartoffeln in diesem Rezept fehlen. Eine kleine Abwechslung von der oben genannten Regel: hartgekochte Eier werden für die Garnierung verwendet!

1 Kopfsalat, 1 römischer Salat, je 1 grüne und 1 rote Paprika, 3 Tomaten, einige Sardellenfilets, Saft von 1/2 Zitrone, 1 Bund Radieschen, einige schwarze Oliven. Für die Salatsauce: 8 EL Olivenöl, 3 EL Essig, Salz, Pfeffer, 1 Prise Zucker, 2 hartgekochte Eier, gehackte Kräuter nach Wahl

Den Kopfsalat und den römischen Salat waschen, abtropfen lassen und in mundgerechte Stücke zerpflücken. Die vorbereiteten Paprikaschoten in Streifen schneiden. Die Tomaten waschen und vierteln. Die feingehackten Sardellenfilets mit dem Zitronensaft zu einer Paste verreiben. Die Radieschen waschen und mit den Oliven in einer Schüssel zusammen mit den anderen Zutaten anrichten.

Für die Salatsauce Öl, Essig, Salz, Pfeffer, Zucker miteinander verrühren und über den Salat geben. Mit hartgekochten Eiern und den gehackten Kräutern garnieren.

Salat Orion

Wenn Sie frische Maronen für dieses Rezept verwenden wollen, muß vor der Weiterverarbeitung die Schale entfernt werden. Die gebräuchlichste Methode ist, mit einem scharfen Messer die Maronen auf der runden Seite über Kreuz einritzen. Mit der flachen Seite auf ein Blech legen und 20 Minuten bei 200 °C im Backofen rösten. Anschließend die Maronen so heiß wie möglich aus der Schale brechen. Die braunen Häutchen vorsichtig entfernen.

250 g gekochtes oder gebratenes Hähnchenfleisch, 1 kleine Dose Schwarzwurzeln, 100 g frische Champignons, 1 Bund Frühlingszwiebeln, 100 g Erdbeeren, 1 kleine Dose Maronen oder 200 g frische Maronen (gegart). Für die Salatsauce: 150 g süße Sahne, Saft von 1 Zitrone, 2 EL Essig, 1 EL Honig, Salz, Pfeffer, etwas Weinbrand, 1 EL grüner Pfeffer. Zum Garnieren: 2 Chicoréestauden, 1 Bund Zitronenmelisse

Das Hähnchenfleisch in kleine Würfel schneiden. Die Schwarzwurzeln gut abtropfen lassen, kleinschneiden und mit dem Hähnchenfleisch in eine Schüssel geben. Die geputzten und in Scheiben geschnittenen Champignons zugeben. Die Frühlingszwiebeln verlesen, waschen, in hauchdünne Scheibchen schneiden. Die Erdbeeren putzen, halbieren und die Maronen vierteln. Alle Zutaten mischen.
Für das Dressing die Sahne steifschlagen, mit Zitronensaft, Essig und Honig aromatisieren. Mit Salz, Pfeffer und Weinbrand abschmekken. Die grünen Pfefferkörner unterziehen und die Sauce über den Salat geben. Im Kühlschrank mindestens 30 Minuten ziehen lassen. Die Chicoréestauden halbieren, den bitteren Strunk entfernen, waschen, abtropfen lassen und je eine halbe Staude auf einem Teller dekorativ anrichten. Den Geflügelsalat daraufgeben, mit Zitronenmelisse garnieren.

Salat Valencia

Hähnchenfleisch, Paprika, Krabben, Oliven – ein Salat, der uns spanisch vorkommt, aber im besten Sinne des Wortes!

Je 1 rote und grüne Paprikaschote, 1/4 Kopfsalat, 1 mittelgroße Zwiebel, 2 mittelgroße Orangen (filiert), 250 g Hähnchenfleisch, 12 Oliven (entkernt), 150 g Krabben (TK-Produkt), 100 g Muscheln (frisch oder aus dem Glas).
Für die Salatsauce: 3 EL Remoulade, 2 EL süße Sahne, Salz, Pfeffer, 2 EL Zitronensaft, 2 EL Essig.
Zum Garnieren: Salat aus den Herzblättern des Kopfsalats, 2 hartgekochte Eier

Die Paprikaschoten halbieren, entkernen, waschen, in Streifen schneiden und in eine große Salatschüssel geben. Den Kopfsalat putzen, waschen und in Streifen schneiden. Die Zwiebel schälen, fein würfeln, ebenso die Orangenfilets würfeln. Gekochtes Hähnchenfleisch in Streifen schneiden. Die Oliven in dünne Scheiben schneiden. Die aufgetauten Krabben und die Muscheln mit den vorbereiteten Salatzutaten in eine Schüssel geben. Die Zutaten für die Sauce verrühren. Das Ganze vorsichtig untereinandermengen und 30 Minuten ziehen lassen. Auf einer Platte, die mit frischen Salatblättern ausgelegt ist, anrichten. Mit den geschälten und in Scheiben geschnittenen Eiern garnieren.

Salat Windsor

Schloß Windsor im englischen Berkshire gab nicht nur diesem Salat seinen Namen: Auch das englische Königshaus heißt seit Anfang des Jahrhunderts so.
Wenn Kinder oder überzeugte Alkoholgegner von diesem Salat essen, sollte der Orangenlikör durch Orangensaft ersetzt werden.

1 Stange Lauch, 4 Orangen, 2 gekochte Hähnchenbrustfilets, 100 g Krabben, 100 g frische Champignons, 2 Tomaten. Für die Salatsauce: 200 g Magerjoghurt, Saft von 1 Orange, 2 EL Essig, 3 EL Tomatenketchup, Salz, Pfeffer, 2 cl Orangenlikör, 1 Bund Zitronenmelisse

Die geputzte, gewaschene Lauchstange in Scheiben schneiden, in Salzwasser kurz blanchieren, herausnehmen, abtropfen und erkalten lassen. Die Orangen schälen und filieren. Die Hähnchenbrustfilets in kleine Würfel schneiden. Die Krabben unter fließendem Wasser abspülen und gut abtropfen lassen. Die geputzten Champignons in Scheiben schneiden. Die Tomaten enthäuten, entkernen und in Würfel schneiden. Alle Zutaten in eine Schüssel geben und vorsichtig miteinander vermischen.
Für die Sauce den Joghurt mit dem Orangensaft, dem Essig und dem Tomatenketchup glattrühren. Mit Salz und Pfeffer würzen und mit Orangenlikör aromatisieren. Das Dressing über den Salat geben und mit den Salatzutaten mischen, dann in Cocktailschalen anrichten und mit Zitronenmelisse garnieren.

Salat mit dicken Bohnen

Schnittlauch gehört wegen der frischen grünen Farbe zu den beliebtesten Salatkräutern. Auch hier wird er in Röllchen geschnitten über den Salat gegeben. Mit seinem würzigen Geschmack paßt er zu vielen Gerichten. Geschnitten wird er erst unmittelbar vor dem Anrichten, und zwar am besten mit der Küchenschere oder einem sehr scharfen Messer.

750 g dicke Bohnen (vorgekocht), 2 EL Butter, 100 g durchwachsener, geräucherter Speck, 2 Zwiebeln, 1/16 Liter Weißwein, 4 EL Essig, 200 g Crème fraîche, 2 EL Tomatenmark, 1 TL Bohnenkraut, Salz, Pfeffer, 1 Prise Zucker, 1 Bund Schnittlauch

Die dicken Bohnen gut abtropfen lassen. Die Butter in einer Pfanne erhitzen und den in kleine Würfel geschnittenen Speck darin auslassen. Die feingehackte Zwiebel dazugeben und glasig andünsten, mit dem Weißwein ablöschen, dann den Essig und die Crème fraîche sowie das Tomatenmark unterrühren. Die dicken Bohnen zugeben und einmal aufkochen lassen. Mit Bohnenkraut, Salz, Pfeffer und Zucker abschmecken, von der Kochstelle nehmen und erkalten lassen. In Portionsschälchen anrichten und mit frisch geschnittenem Schnittlauch bestreut servieren.

Salat mit Edelpilzdressing

Gorgonzola, der italienische Edelpilzkäse, eignet sich mit seinem eher milden Geschmack und der weichen Beschaffenheit besonders gut für dieses Salatdressing.

150 g gekochte Eiernudeln (Hörnchen), 100 g gebratenes Roastbeef, 100 g gekochter Schinken, 100 g Emmentaler, 50 g frische Champignons, 1 Zwiebel, 1 Bund Radieschen, 2 Tomaten, 1 Dose Erbsen. Für die Salatsauce: 50 g Edelpilzkäse, 100 g Crème fraîche, 1/8 Liter süße Sahne, 4 EL Essig, Salz, Pfeffer, 1 Prise Zucker, 1 Messerspitze Cayennepfeffer, 1 Bund Zitronenmelisse, 1 Bund Petersilie

Die Eiernudeln in eine Schüssel geben. Das Roastbeef, den Schinken und den Emmentaler in dünne Streifen schneiden. Die Champignons putzen und ebenfalls in dünne Scheiben schneiden. Die Zwiebel feinhacken, die Radieschen putzen und in Scheiben schneiden. Die Tomaten enthäuten, entkernen und in kleine Würfel schneiden. Die Erbsen gut abtropfen lassen. Alle Salatzutaten zu den Nudeln geben und vermischen.

Für die Sauce den Edelpilzkäse mit der Crème fraîche, der Sahne und dem Essig glattrühren. Mit Salz, Pfeffer, Zucker und Cayennepfeffer würzen und den Salat mit dem Dressing anmachen. Im Kühlschrank mindestens eine halbe Stunde ziehen lassen. Vor dem Servieren nochmals abschmecken und die feingehackten Kräuter unterziehen.

Vollmundiger Rotwein oder ein kühles Bier passen gleichermaßen zu diesem leichten Abendessen. Wenn die Mengen erhöht werden, läßt sich der Salat auch gut für ein Partybüfett vorbereiten.

Salat mit Frühlingszwiebeln

Frühlingszwiebeln gibt es, entgegen ihrem Namen, im Frühjahr und Herbst zu kaufen. Allerdings sind im Herbst die Knollen größer und nicht mehr so zart wie im Frühjahr. Sie müssen nicht unbedingt geschält werden. Damit nichts von den wertvollen Inhaltsstoffen verlorengeht, werden Frühlingszwiebeln erst unmittelbar vor dem Verzehr geputzt. Die Wurzeln werden abgeschnitten und das Blattgrün so weit entfernt, wie es trocken ist. Dann die Zwiebeln waschen, trockenreiben und zerteilen. Ohne Qualitätsverlust können die empfindlichen Zwiebelchen höchstens zwei Tage im Gemüsefach des Kühlschranks aufbewahrt werden.

2 Bund Frühlingszwiebeln, 1 Stange Lauch, 1 Orange, 1 Apfel, 2 Ananasringe (aus der Dose), 1 Bund Zitronenmelisse.
Für die Salatsauce: 4 EL Öl, 1/8 Liter Rotwein, 6 EL Essig, 4 EL Tomatenketchup, Salz, Pfeffer, 1 Prise Zucker, 1 Bund Petersilie

Die Frühlingszwiebeln putzen, waschen und in Ringe schneiden. Den Lauch halbieren, waschen und in Streifen schneiden. Die Orange filieren. Den Apfel schälen, entkernen und kleinschneiden. Die Ananasringe in Würfel schneiden. Die Zitronenmelisse verlesen, waschen und feinhacken. Alle Zutaten in eine Schüssel geben und vorsichtig miteinander vermischen.

Die Zutaten für die Salatsauce miteinander verrühren und mit Salz, Pfeffer und 1 Prise Zucker abschmecken, dann zu den Salatzutaten geben. Vor dem Servieren die Petersilie aufstreuen.

Sauerampfersalat

Bekannt ist, daß Sauerampfer in die berühmte Frankfurter Sauce gehört. Ansonsten aber war es in den letzen Jahren eher still um das säuerliche Kraut, bis sich die „Neue Küche" seiner angenommen hat. Bevor Sauerampfer geblüht hat, also zwischen März und Mai, schmeckt er am besten. Die frischen jungen Blätter enthalten neben Oxalsäure (die auch im Spinat vorkommt) viel Vitamin C, das der Körper nach dem Winter besonders benötigt. Wenn Sauerampfer frischem Salat zugesetzt wird, darf an zusätzlicher Säure gespart werden, denn Sauerampfer ist selbst sauer genug.

200 g Schweinebraten, 200 g Kalbsbraten, 150 g Sauerampfer, 1 Apfel, je 100 g weiße und blaue Weintrauben, 1 kleine Dose Pariser Karotten, 1 kleine Dose Spargel. Für die Salatsauce: 200 g Crème fraîche, 2 EL Mayonnaise, 1/16 Liter Weißwein, 4 EL Essig, Salz, Pfeffer, 1 Prise Zucker, einige Tropfen Worcestersauce, Saft von 1/2 Zitrone, 1 Bund Zitronenmelisse

Den Schweinebraten und den Kalbsbraten in kleine Scheiben schneiden. Den Sauerampfer putzen, waschen, gut abtropfen lassen und in mundgerechte Stücke zerteilen. Den Apfel schälen, entkernen und ebenfalls kleinschneiden. Die Weintrauben waschen, halbieren und entkernen. Die Karotten und den Spargel abtropfen lassen, mit den übrigen Zutaten in eine Schüssel geben.

Für die Salatsauce die Crème fraîche mit der Mayonnaise und dem Weißwein sowie dem Essig verrühren und schaumig schlagen. Mit Salz, Pfeffer, Zucker, Worcestersauce und Zitronensaft abschmecken. Das Dressing über den Salat geben und vorsichtig unterziehen. Anschließend alles in Salatkelche geben und mit frisch gehackter Zitronenmelisse bestreuen.

Sauerkrautsalat

Das leicht süßliche Ananasfleisch paßt gut zum säuerlichen Geschmack des Sauerkrauts und wird vom Apfel- und Rindfleischaroma noch betont.

200 g gekochtes Rindfleisch, 200 g Sauerkraut, 1 Zwiebel, 1 säuerlicher Apfel, 2 Scheiben Ananas, 1 Kästchen Kresse. Für die Salatsauce: 200 g saure Sahne, 2 EL Honig, Saft von 1 Orange, Salz, Pfeffer, 1 Prise Kümmel. Zum Anrichten: einige Salatblätter

Das Rindfleisch in Würfel schneiden. Das Sauerkraut zerpflücken. Die Zwiebel feinhakken, den Apfel entkernen und in kleine Würfel schneiden. Die Ananasscheiben ebenfalls würfeln. Die Kresse verlesen, waschen und gut abtropfen lassen. Die Zutaten in eine Schüssel geben und vorsichtig miteinander vermischen. Für die Salatsauce die saure Sahne mit dem Honig und dem Orangensaft glattrühren und mit Salz, Pfeffer und Kümmel würzen. Die Sauce über den Salat geben und ihn auf den vorbereiteten Salatblättern anrichten.

Da dieser Salat ruhig etwas durchziehen darf und er auch nicht schnell zusammenfällt, kann er gut vorbereitet werden.

Selleriesalat

Knollensellerie hat seinen Platz nicht nur im Suppengrün, und wer ihn nur als Grundlage für Fonds und Suppen gelten läßt, bringt sich um kulinarische Genüsse. Schließlich ist Knollensellerie sehr gut als Zutat für gemischte Salate geeignet. Weltberühmt ist der Waldorfsalat, dessen wichtigster Bestandteil in der klassischen Variante neben Äpfeln eben Sellerie ist.

Damit die Marinade besser einziehen kann, sollte Sellerie immer für Rohkost sehr fein geraspelt werden. Außerdem schmeckt Sellerie dann aromatischer, und seine Konsistenz ist weicher.

4 Karotten, 2 kleine Sellerieknollen, 1 Bund Frühlingszwiebeln, je 1 rote und grüne Paprikaschote, 100 g geräucherter roher Schinken, 100 g Emmentaler.
Für die Salatsauce: 200 g saure Sahne, 1 TL Salz, 1 Knoblauchzehe, je 1 Bund Schnittlauch und Petersilie, 4 EL Essig, Salz, Pfeffer, 1 Prise gemahlener Kümmel.
Zum Garnieren: einige Salatblätter, einige Zweige Thymian und Majoran

Die Karotten und den Sellerie schälen und grob reiben. Die Frühlingszwiebeln putzen und in dünne Scheiben schneiden. Die Paprikaschoten halbieren, entkernen, waschen und in Streifen schneiden. Den Schinken und den Emmentaler ebenfalls in Streifen schneiden. Alle Zutaten in eine Schüssel geben und miteinander vermischen.

Für die Sauce die saure Sahne mit der mit Salz zerriebenen Knoblauchzehe und den feingehackten Kräutern vermischen. Mit Essig, Salz, Pfeffer und Kümmel würzen und die Sauce über den Salat gießen. Die gewaschenen Salatblätter anrichten, den Salat gleichmäßig darauf verteilen. Mit Thymian- und Majoranzweiglein garnieren und servieren.

Sommersalat

Radicchio wird wegen seiner Verwandtschaft mit Chicorée auch roter Chicorée genannt. Seine rotvioletten Blätter, die an einer weißlichen Wurzel sitzen und zur Ernte feste Köpfe bilden, haben weiße Rippen.

Die kräftig-rote Farbe belebt Salatplatten, weshalb Radicchio meist zusammen mit anderen Zutaten angerichtet wird. Wer den leicht bitteren Geschmack mildern will, kann die Blätter vor dem Anrichten kurz in lauwarmes Wasser legen. Allerdings gehen damit auch Nährstoffe verloren. Die Blätter werden einzeln vom Strunk gelöst und je nach Verwendung in Streifen geschnitten oder in mundgerechte Stücke zerteilt.

1 Radicchio, 1 grüner Salat, 1/2 Salatgurke, 1 Bund Radieschen, 2 Tomaten, 100 g gekochter Schinken.
Für die Salatsauce: 100 ml Orangensaft, Saft von 1 Zitrone, 4 EL Essig, 4 EL Olivenöl, 1 Zwiebel, 1/2 Bund Schnittlauch, 1 Bund Petersilie, Salz, Pfeffer.
Zum Garnieren: gehackte Kräuter nach Wahl (Sauerampfer, Brunnenkresse, Löwenzahn)

Den Radicchio und den grünen Salat putzen, waschen, gut abtropfen lassen und in mundgerechte Stücke zerpflücken. Die Salatgurke und die Radieschen in Scheiben schneiden. Die Tomaten enthäuten, entkernen und in Streifen schneiden. Den Schinken kleinwürfeln, mit den anderen Zutaten in eine Schüssel geben und vorsichtig mischen.

Den Orangen- und Zitronensaft mit Essig und Olivenöl verrühren. Die Zwiebel sehr fein hacken oder pürieren, unter das Dressing ziehen. Die Kräuter verlesen, waschen, feinhakken und unterziehen. Mit Salz und Pfeffer abschmecken, Sauce über den Salat geben und untermischen. Mit den gehackten Kräutern bestreut anrichten.

Spargelsalat

Kaum jemand, der Spargel nicht liebte. Schon im Altertum war wild wachsender Spargel eine Delikatesse und wird zurecht als königliches Gemüse bezeichnet, zumal er lange Zeit allein den Reichen vorbehalten war. Aus Spargel lassen sich Hauptgerichte, kalte und warme Vorspeisen, Suppen, Beilagen und Salate zubereiten.

600 g frischer Spargel, 4 Tomaten, 2 Bund Schnittlauch. Für die Salatsauce: 2 hartgekochte Eier, 4 EL Mayonnaise, 200 g Joghurt, 100 g süße Sahne, 3 EL Weinessig, Saft von 1 Zitrone, 2 EL mittelscharfer Senf, 2 cl Eierlikör, Salz, Pfeffer, 1 Prise Zucker, 1 Radicchio oder einige Salatblätter, etwas Petersilie

Den Spargel schälen und in feine Scheiben schneiden. Die Tomaten enthäuten, waschen und feinschneiden. Den Schnittlauch in Röllchen schneiden. Alle Zutaten in eine Schüssel geben und vorsichtig miteinander mischen. Die Eier halbieren. Die Eiweiß feinhacken. Die Eidotter durch ein Sieb streichen, in eine Schüssel geben. Mit der Mayonnaise, dem Joghurt, der Sahne, dem Essig, dem Zitronensaft, dem Senf und dem Eierlikör glattrühren. mit Salz, Pfeffer und Zucker abschmecken und über den Salat geben. Auf Radicchioblättern oder auf Salat anrichten. Mit dem gehackten Eiweiß und mit Petersilie bestreut servieren.

Entweder als kalte Vorspeise für 4 Personen oder als vollständiges Abendessen für 2 Personen, zusammen mit gebuttertem Toastbrot und einem herben Weißwein, servieren.

Spinatsalat

Sonnenblumenöl sollte wie alle Öle dunkel und kühl aufbewahrt werden. Je mehr Sauerstoff im Gefäß ist, desto schneller verdirbt das Öl. In Dosen und Flaschen, die noch nicht angebrochen wurden, hält sich ein Öl bei sachgerechter Lagerung bis zu 12 Monate, ausgenommen davon sind die ganz besonders empfindlichen Öle wie zum Beispiel Nußöl, das stets nur in kleinster Menge gekauft werden und, einmal angebrochen, sehr rasch verwendet werden sollte.

200 g junger Blattspinat, 1 kleine Zwiebel, 1 TL Sonnenblumenöl, 1 Bund Radieschen, 1 Apfel, Saft von 1/2 Zitrone, 4 Tomaten.
Für die Salatsauce: 200 g Joghurt, 50 g saure Sahne, Salz, 1 Knoblauchzehe, 1 TL Salz, Pfeffer, 1 Bund Dill, 1/2 TL Meerrettich, 1 EL Tomatenketchup.
Zum Bestreuen: 2 gekochte Eier

Den Spinat sorgfältig verlesen, gründlich waschen und gut abtropfen lassen, bis er völlig trocken ist. Die Zwiebel schälen, würfeln, im heißen Öl bräunen und erkalten lassen. Die Radieschen in Scheiben schneiden. Den Apfel schälen, das Kerngehäuse entfernen. Den geviertelten Apfel in kleine Stücke schneiden und mit Zitronensaft beträufeln. Die Tomaten über Kreuz einschneiden, den Strunk entfernen und kurz in kochendes Wasser tauchen, dann die Haut abziehen. Die Tomatenkernchen entfernen und das Tomatenfleisch in Streifen schneiden. Alle Salatzutaten vorsichtig vermischen.

Joghurt, saure Sahne und die mit Salz zerriebene Knoblauchzehe in einer Schüssel glattrühren, salzen und pfeffern. Den gehackten Dill, den Meerrettich und das Ketchup einrühren. Den Salat mit der Sauce übergießen und in Gläsern anrichten. Die Eier feinhacken und über den Salat streuen.

Staudensellerie-Salat

Stangen-, Stauden- oder Bleichsellerie (beim Anbau wird der Sellerie durch Lichtentzug, Anhäufen mit Erde oder durch enges Pflanzen gebleicht) gehört zu den zweijährigen Pflanzen. Im ersten Jahr wird eine Blattrosette und eine mäßig verdickte Wurzel gebildet. Im zweiten Jahr treibt der Staudensellerie Blüten. Die Anforderungen an die Kultivierung sind die gleichen wie bei den Knollensellerie. Heute ist Staudensellerie besonders in Westeuropa und Nordamerika verbreitet. Aus den Blattstielen, die knackig, prall und ohne Flekken sein sollten, werden vor allem Salate zubereitet. Rohe Staudensellerie, in hohen Gläsern hübsch angerichtet, eignet sich auch als gesunde Knabberei zu Bier oder Wein.

400 g Staudensellerie, 1 Fenchelknolle, je 1 rote und gelbe Paprikaschote, 1 Gemüsezwiebel, 2 EL Öl, 1/8 Liter Weißwein, 150 g Crème fraîche, Saft von 1 Zitrone, 2 EL Essig, 1 EL mittelscharfer Senf, 2 EL Johannisbeergelee, Salz, Pfeffer. 100 g Butterkäse, 100 g gekochtes oder gebratenes Hähnchenfleisch, 1 Bund Schnittlauch

Den Staudensellerie und die Fenchelknolle putzen und in dünne Streifen schneiden. Die Paprikaschoten und die Gemüsezwiebel ebenfalls putzen und streifig schneiden. Das Öl in einer Pfanne erhitzen und das Gemüse darin anschwitzen. Mit Weißwein ablöschen und zugedeckt bei mittlerer Hitze 10 Minuten dünsten, anschließend erkalten lassen.
Die Crème fraîche unterziehen, mit Zitronensaft, Essig, Senf, Johannisbeergelee, Salz und Pfeffer würzen.
Den in Streifen geschnittenen Butterkäse und das in kleine Scheibchen geschnittene Hähnchenfleisch unter den Salat mischen, nochmals abschmecken und mit feingeschnittenem Schnittlauch bestreut servieren.

Südstaaten-Salat

Dieses Rezept revidiert vielleicht die landläufige Meinung, in den USA gäbe es keinen Sinn für Kulinarisches! Der Salat wurde von einer begeisterten amerikanischen Hobbyköchin, die das Rezept gerne weitergab, für ein unvergeßliches Picknick vorbereitet.

In keinem Land der Welt gibt es so stark wie in den USA die Bereitschaft, neue, fremde und unbekannte Gerichte auszuprobieren; eine gute Einstellung, wie wir meinen, denn so herrscht nie Langeweile auf dem Speiseplan.

Wem die Salatsauce zu habhaft ist, kann ohne weiteres einen Teil der Mayonnaise durch Crème fraîche oder Sahne ersetzen.

1 kleine Dose dicke Bohnen, 1 Dose Kidney Beans, 1 Dose Mais, 1 Dose Erbsen, 400 g gekochte Ochsenbrust, 2 Zwiebeln. Für die Salatsauce: 100 g Mayonnaise, 50 g süße Sahne, 1 EL Curryketchup, Salz, Pfeffer, 1 Prise Zucker, etwas Tabasco. Einige Salatblätter, 16 Scheiben Bacon, 1 Bund Petersilie

Die dicken Bohnen, die Kidney Beans, den Mais und die Erbsen abtropfen lassen und in eine Schüssel geben. Die Ochsenbrust in dünne Scheiben schneiden. Die Zwiebeln in Streifen schneiden, alle Zutaten vorsichtig miteinander vermischen.

Für die Sauce die Mayonnaise mit der Sahne und dem Curryketchup glattrühren, mit Salz, Pfeffer, Zucker und Tabasco abschmecken. Die Sauce zu den Salatzutaten geben und unterziehen. Die Salatblätter auf einem Teller anrichten, den Salat darauf verteilen und mit den Baconscheiben belegen. Mit frisch geschnittener Petersilie bestreuen.

Teufelssalat

Liebstöckel, das Würzkraut, das in diesem Salat den Ton angibt, stammt ursprünglich wahrscheinlich aus Persien. Es eignet sich vorzüglich zum Würzen von Suppen, Salaten und Gemüse- und Kartoffelgerichten. Für die Salatzubereitung sollten ausschließlich die jungen Blättchen verwendet werden. Auch wird Liebstöckel sparsam dosiert, denn sein Geschmack ist sehr intensiv.

500 g Spaghetti, Salzwasser, 1 EL Öl, einige Tropfen Tabasco, 4 Knoblauchzehen, 1/2 TL Salz, 1/2 TL Pfeffer, 1/8 Liter Fleischbrühe (entfettet), 4 EL Essig, 1 EL scharfer Senf, 6 hartgekochte Eier, 8 EL Öl, 8 Sardellenfilets, 2 grüne Peperoni, 1 roter Peperoni, 2 EL gehackte Petersilie, 2 EL gehackter Liebstöckel, 2 Tomaten

Die Nudeln in Stücke brechen und im Salzwasser mit Öl und Tabasco bißfest kochen. Die Knoblauchzehen mit dem Salz fein zerreiben. Dann mit Pfeffer und Fleischbrühe verrühren, über die Nudeln gießen und zugedeckt ziehen lassen.

Den Essig mit dem Senf und dem passierten Eigelb von zwei hartgekochten Eiern glattrühren, Öl und die Marinade unterziehen und mit Salz und Pfeffer abschmecken. Anschließend über die Nudeln gießen und gut durchmischen. Die Sardellenfilets grob hacken. Die Peperoni halbieren, die Kerne entfernen und feinhacken. Zusammen mit den Sardellen und den gehackten Kräutern zu den Nudeln geben und vorsichtig mischen.

Die restlichen Eier und das übrig gebliebene Eiweiß würfeln, über den Salat streuen. Die Tomaten schälen, die Kerne entfernen und würfeln. Leicht salzen und ebenfalls den Salat damit garnieren.

Essig

Tomatensalat

Tomaten gehören seit langem zu den wichtigsten Gemüsearten. Wählen Sie für warme Speisen (Suppen, Saucen) möglichst weiche, vollreife Früchte. Sie haben den Vorteil, am aromatischsten und außerdem am preisgünstigsten zu sein. Für die Salatküche dagegen werden schnittfeste Tomaten bevorzugt. Da ihre Nährstoffe in und dicht unter der Haut sitzen, sollte man die Haut nur entfernen, wenn die Tomaten gekocht werden sollen und im fertigen Gericht stören würden.

12 feste Tomaten, 2 Zwiebeln,
2 Bund Basilikum.
Für die Salatsauce: 200 g süße Sahne,
100 ml Essig, 2 Knoblauchzehen, Salz,
Pfeffer, 1 Prise Zucker

Die Tomaten waschen und mit einem Messer den Strunk herausschneiden, dann in Scheiben schneiden und in einer Schale anrichten. Die Zwiebeln schälen, fein würfeln und über den Tomaten verteilen. Basilikum verlesen, waschen, feinhacken und die Tomaten damit bestreuen. Die Sahne und den Essig verrühren. Die Knoblauchzehen mit Salz zerreiben und unter die Sahne rühren. Mit Salz und Pfeffer sowie etwas Zucker würzen. Die Sauce über den Tomatensalat gießen und ziehen lassen, dann servieren.

Topinambur mit Feldsalat

Schon vor vielen Jahrzehnten wurden Topinambur bei uns angebaut, gerieten aber eine Zeitlang in Vergessenheit. Nun aber erinnert man sich ihrer wieder. Topinambur ist nordamerikanischen Ursprungs. Mit der Pflanze wurde im Jahre 1603 der damalige Gouverneur Champlain in Kanada bekannt, der das Gemüse nach dem Indianerstamm der *Tupinambus* nannte. Bald darauf wurde das Gemüse schon in England angebaut und verbreitete sich in ganz Europa. In der Küche ergänzen und ersetzen Topinambur die Kartoffeln.

400 g Topinambur, 150 g Feldsalat,
100 g frische Champignons, 2 Tomaten,
100 g durchwachsener, geräucherter Speck,
4 EL Öl, 2 Zwiebeln, 1 Stange Lauch,
1/8 Liter Gemüsebrühe, 4 EL Essig,
1 TL gemahlener Kümmel, Salz, Pfeffer,
1 Prise Cayennepfeffer, 1 Bund Schnittlauch

Topinambur schälen, in dünne Scheiben schneiden und in Salzwasser blanchieren, herausnehmen und erkalten lassen. Den Feldsalat putzen, waschen, gut abtropfen lassen und mit den in Scheiben geschnittenen Champignons zum Topinambur geben.

Die Tomaten enthäuten, entkernen und in Würfel schneiden, dann zu den übrigen Zutaten geben und alles mischen.

Den kleingeschnittenen Speck in Öl auslassen. Die gehackten Zwiebeln und den geputzten, in dünne Streifen geschnittenen Lauch dazugeben und glasig anschwitzen. Mit der Gemüsebrühe ablöschen, mit dem Essig, dem Kümmel und den übrigen Gewürzen abschmecken und die Sauce über die Zutaten gießen. Den Salat im Kühlschrank mindestens 30 Minuten ziehen lassen. Abschmecken und die Schnittlauchröllchen darüberstreuen.

Toskanischer Salat

Schon seit Jahren steigt die Nachfrage nach Olivenöl. Ohne das goldglänzende Öl ist die Mittelmeerküche, die immer mehr Freunde findet, undenkbar. Vom guten Geschmack abgesehen, ist Olivenöl für Herz und Kreislauf eines der verträglichsten Öle, was von medizinischer Seite aus immer wieder bestätigt wird.

Je 1 rote und grüne Paprikaschote, 1 Zwiebel, 1 Salatgurke, einige Oliven, 1 Staude Römersalat, 100 g Schafskäse, einige Sardellenfilets
Für die Salatsauce: 1/8 Liter Rotwein, 100 ml Orangensaft, 100 ml Olivenöl, 3 EL Essig, je 1/2 Bund Basilikum und Oregano, Salz, Pfeffer, 1 Prise Zucker, 8 dünne Scheiben gekochter Schinken, 8 dünne Scheiben Käse

Die gewaschenen Paprikaschoten, die abgezogene Zwiebel und die Gurke in zentimetergroße Würfel schneiden. Die Oliven gut abtropfen lassen, den Römersalat putzen, waschen und in mundgerechte Stücke zerpflükken. Den Schafskäse in kleine Würfel schneiden. Die Sardellenfilets abwaschen und kleinschneiden, dann mit den übrigen Zutaten in eine Schüssel geben und alles vermischen.
Für die Sauce den Rotwein mit dem Orangensaft, dem Olivenöl und dem Essig verrühren, die feingehackten Kräuter unterziehen und die Gewürze zugeben. Die Sauce über die Salatzutaten gießen und den Salat 30 Minuten in den Kühlschrank stellen, damit alles durchziehen kann.
In der Zwischenzeit je 1 Scheibe Schinken und eine Käsescheibe übereinanderlegen, zusammenrollen und in etwa 1 Zentimeter dicke Röllchen schneiden.
Den Salat anrichten, mit den Schinken-Käse-Röllchen belegen und gleich servieren.

Weißkohlsalat mit Speck

Weißkohl gehört zu den ältesten Kohlarten überhaupt. Einige Kohlformen scheinen schon von den Menschen der Jungsteinzeit angebaut worden zu sein. Wegen seiner Anspruchslosigkeit inbezug auf die Kultivierung wurde er vor allem in kälteren Gegenden zu einem so wichtigen Gemüse, das hier aber als Salat zubereitet wird.

600 g Weißkohl, 2 EL Salz, 4 EL Öl, 100 g durchwachsener geräucherter Speck, 1 Bund Frühlingszwiebeln, 1/8 Liter Weißwein, 4 EL Essig, Salz, Pfeffer, 1 EL Kümmel, 1 Prise Zucker, 1 Bund Petersilie, 2 Tomaten

Den Weißkohl putzen und fein hobeln, in eine Schüssel geben und das Salz darüberstreuen. Mit den Händen so lange kneten, bis das Kraut weich ist. Das Öl in einer Pfanne erhitzen und den in feine Würfel geschnittenen Speck darin auslassen. Die kleingeschnittenen Frühlingszwiebeln dazugeben und kurz mitdünsten. Mit dem Wein ablöschen und den Essig zugeben, mit Salz, Pfeffer, Kümmel und Zucker würzen. Alles zum Weißkraut geben und miteinander vermischen. Im Kühlschrank mindesten 30 Minuten ziehen lassen. Die verlesene, gewaschene und feingehackte Petersilie mit den gehäuteten, entkernten und in Würfel geschnittenen Tomaten zum Kraut geben. Alles mischen, nochmals abschmecken und servieren.

Wiener Kartoffelsalat

Und noch eine Variante zum Thema Kartoffelsalat, die sich auszuprobieren lohnt, diesmal mit Speck und Wiener Würstchen. Hierzu passen Roggenbrötchen und ein kühles Bier.

600 g gekochte Kartoffeln, 2 Bund Radieschen, 1/2 Salatgurke, 2 EL Butter, 100 g durchwachsener, geräucherter Speck, 2 Zwiebeln, 1 Bund Frühlingszwiebeln, 2 Paar Wiener Würstchen, 100 ml Essig, 100 ml Öl, 100 ml Fleischbrühe, Salz, Pfeffer, 1 Bund Petersilie

Die Kartoffeln schälen und in Scheiben schneiden. Die Radieschen und die Salatgurke putzen und ebenfalls in dünne Scheiben schneiden. Zu den Kartoffeln geben und vermischen. Die Butter in einer Pfanne erhitzen und den in kleine Würfel geschnittenen Speck darin auslassen. Die feingehackten Zwiebeln und die geputzten, gewaschenen und kleingeschnittenen Frühlingszwiebeln dazugeben und kurz mitdünsten. Die in Scheiben geschnittenen Wiener Würstchen unterheben und mitbraten. Mit Essig, Öl und Fleischbrühe ablöschen. Mit Salz und Pfeffer abschmecken, die Sauce zu den Kartoffeln geben und unterheben. Im Kühlschrank 30 Minuten ziehen lassen, abschmecken und mit frisch gehackter Petersilie bestreuen.

Wildkräutersalat

Beim Sammeln von Wildkräutern muß folgendes beachtet werden: Da ältere Blätter herb schmecken und leicht zäh sind, immer nur zarte, junge Triebe verwenden, in größerem Abstand zu befahrenen Straßen sammeln und möglichst saubere Pflanzen wählen. Wildkräuter und Wildgemüse am besten am Tag der Ernte verwenden.

100 g frische Champignons, je 50 g Löwenzahn- und Sauerampferblätter, 50 g Brunnenkresse, 50 g Brennessel, 100 g Feldsalat, 2 Tomaten, 2 mittelgroße Zwiebeln.
Für die Salatsauce: 2 EL süßer Senf, 3 EL Essig, 4 EL Crème fraîche, 200 g Joghurt, Saft von 1 Zitrone, etwas Weißwein, Salz, Pfeffer, 1 Prise Zucker.
Zum Garnieren: 2 hartgekochte Eier

Die Champignons putzen und in Scheiben schneiden. Die Löwenzahn- und Sauerampferblätter, die Brunnenkresse und die Brennnesselblätter putzen, waschen, abtropfen lassen und in dünne Streifen schneiden. Den Feldsalat putzen, die Tomaten enthäuten, entkernen und ebenfalls in Streifen schneiden. Die Zwiebeln schälen und würfeln. Alle Zutaten miteinander mischen.
Für die Sauce den Senf mit Essig, Crème fraîche und Joghurt verrühren. Mit Zitronensaft, Weißwein nach Belieben, Salz, Pfeffer und Zucker würzen. Den Salat damit übergießen, anrichten und mit den gehackten Eiern garnieren.

Wildsalat

Ein appetitlicher Vorspeisensalat, zu dem Sie Reste von zubereitetem (gekochtem oder gebratenem) Wildfleisch verwenden können. Wie bei allen frischen Zutaten müssen die Pilze sofort verarbeitet werden.

250 g gekochtes oder gebratenes Wildfleisch, 2 EL Öl, 50 g durchwachsener, geräucherter Speck, 1 Zwiebel, 2 Karotten, 1 Stange Staudensellerie, 250 g Steinpilze, 1 kleine Dose Erbsen, etwas Weißwein.
Für die Salatsauce: 2 EL Preiselbeeren, 2 EL Essig, 200 g Crème fraîche, Salz, Pfeffer, etwas Weinbrand, 1 TL Curry.
Zum Garnieren: einige Salatblätter, 1 Bund Zitronenmelisse

Das Wildfleisch in feine Würfel schneiden. Das Öl in einer Pfanne erhitzen und den Speck darin auslassen. Die Zwiebel schälen und kleinhacken, die geputzten Karotten und die ebenfalls geputzte Staudensellerie kleinschneiden. Die vorbereiteten Steinpilze zusammen mit den abgetropften Erbsen und dem übrigen Gemüse im Öl braten, mit etwas Wein ablöschen, danach erkalten lassen.
Für die Salatsauce Preiselbeeren, Essig und Crème fraîche verrühren, mit Salz, Pfeffer, Weinbrand und Curry abschmecken.
Eine Schüssel mit den Salatblättern auslegen, die Salatzutaten darauf verteilen und mit der Sauce begießen. Mit Zitronenmelisse garniert servieren.

Winzersalat mit Estragondressing

Nur die Blätter des frischen Estragons werden zum Würzen des Salats genommen, der Rest braucht aber nicht weggeworfen zu werden. Blätter und Zweige, die übrig bleiben, kann man in Öl einlegen oder zum Würzen von Essig benützen.

250 g gekochtes oder gebratenes Hähnchenfleisch, 1 Zwiebel, 1 Bund Radieschen, 100 g Edamer, je 100 g blaue und weiße Weintrauben, 100 g grüne Bohnen, 2 Tomaten, 100 g Walnußhälften.
Für die Salatsauce: 100 ml Öl, 100 ml Essig, 1/8 Liter Roséwein, 1/16 Liter Traubensaft, 1 EL grüne Pfefferkörner, Salz, Pfeffer, 1 Prise Zucker, etwas Worcestersauce, 1 Bund Estragon

Das Hähnchenfleisch in Scheiben schneiden. Die Zwiebeln und Radieschen putzen und ebenfalls in dünne Scheiben schneiden. Den Edamer würfeln. Die Trauben waschen, halbieren und entkernen. Die Bohnen putzen und in Salzwasser 5 Minuten dünsten. Die Tomaten enthäuten, entkernen und in Streifen schneiden. Die Walnußhälften mit den übrigen Zutaten in eine Schüssel geben und vermischen.
Für die Sauce das Öl mit dem Essig, dem Roséwein und dem Traubensaft verrühren, die Pfefferkörner zugeben. Mit Salz, Pfeffer, Zucker und Worcestersauce abschmecken. Die verlesenen, gewaschenen und feingehackten Estragonblättchen in das Dressing geben. Den Salat damit übergießen, die Sauce vorsichtig unter den Salat mischen und im Kühlschrank 30 Minuten ziehen lassen.

Wurstsalat

Hauptwürze ist in diesem deftigen Wurstsalat Majoran, einst das Lieblingskraut der Göttin Aphrodite, dem man deshalb aphrodisierende Wirkung nachsagt. Lange Zeit war Majoran das Allerweltskräutlein der mitteleuropäischen Küche und wurde vor allem getrocknet verwendet. Frischer Majoran schmeckt zarter als getrockneter. Wenn er auch zu den wenigen Kräutern gehört, denen der Trocknungsvorgang nicht allzu sehr schadet, ist frischer Majoran für dieses Rezept vorzuziehen.

1 Ring Fleischwurst, 1/2 Salatgurke, 4 mittelgroße Zwiebeln, 4 Tomaten, 5 hartgekochte Eier.
Für die Salatsauce: 100 ml Essig, 2 EL Honig, etwas Bockbier, 100 ml Öl, Salz, Pfeffer, 1/2 Bund Schnittlauch, 1 Bund Majoran

Die Fleischwurst in Scheiben schneiden. Die Salatgurke, die Zwiebeln und die Tomaten putzen. Die hartgekochten Eier schälen und mit den Zwiebeln und Tomaten in Scheiben schneiden. Alle Zutaten auf 4 Teller verteilt dekorativ anrichten.

Für die Sauce den Essig mit dem Honig, dem Bockbier und dem Öl verrühren. Mit Salz und Pfeffer abschmecken. Die Sauce gleichmäßig verteilen. Mit frisch geschnittenem Schnittlauch und Majoran bestreuen. Roggenbrötchen und dunkles oder anderes bayrisches Bier dazu reichen.

Zucchinisalat

Die Heimat der Zucchini, einer Kürbisart, die im Geschmack der Gurke ähnelt, ist Mexiko. Von dort brachten Seefahrer einst im 16. Jahrhundert Samen des Riesenkürbis, aus dem sich schließlich auch die Zucchini entwickelten.

Zucchini lassen sich füllen, braten, dünsten und – last not least - als Rohkost und Salat auf den Tisch bringen. Als Begleitung paßt eine Marinade aus Zitronensaft ebenso gut wie ein Dressing mit Sahne.

2 mittelgroße Zucchini, je 1 rote und 1 grüne Paprikaschote, 2 Tomaten, 1 mittelgroße Zwiebel, 200 g gekochtes oder gebratenes Hähnchenfleisch, 100 g Schafskäse, einige Oliven.

Für die Salatsauce: Saft von 2 Zitronen, 2 EL Obstessig, 4 EL Öl, Salz, 1 Knoblauchzehe, Pfeffer, 1 Prise Zucker, 1 Bund Schnittlauch

Die Zucchini putzen und wie die geputzten Paprikaschoten in kleine Würfel schneiden. Die Tomaten enhäuten, entkernen und würfeln. Die feingehackte Zwiebel, das in kleine Würfel geschnittene Hähnchenfleisch und den zerbröckelten Schafskäse mit den Oliven in eine Schüssel geben.

Für die Sauce den Zitronensaft mit dem Obstessig, dem Salatöl und der mit Salz zerriebenen Knoblauchzehe vermischen und mit Salz, Pfeffer und Zucker abschmecken. Die Sauce über den Salat gießen.

Im Kühlschrank mindestens 2 Stunden ziehen lassen. Nochmals abschmecken und mit Schnittlauchröllchen bestreuen.

Zuckererbsen-Cocktail

Schon aus dem 16. Jahrhundert ist uns ein Lob der Erbse überliefert: „In Teutschland ist kaum ein breuchlicher Speis, nützlich armen und reichen Leuten. Denn sie settigen, speisen und nehren wol."

Die zarten Zuckererbsen sind viel weniger verbreitet als Schal- oder Markerbsen und werden auf größeren Flächen kaum angebaut. Durch den hohen Anteil an Zucker, leicht verdaulichem Eiweiß, Vitaminen und Mineralstoffen sind sie ein für die Ernährung sehr wertvolles Gemüse.

400 g Zuckererbsen, 100 g frische Champignons, 2 Orangen, 100 g Krabben.
Für die Salatsauce: 50 g Mayonnaise, 200 g süße Sahne, 2 EL Essig, 2 EL Sojasauce, 2 EL Honig, Salz, Pfeffer, 1 Messerspitze Cayennepfeffer, etwas Weinbrand, 1 Bund Schnittlauch

Die Zuckererbsen putzen, waschen und in Salzwasser 5 bis 10 Minuten blanchieren, herausnehmen, gut abtropfen und erkalten lassen. Die Champignons putzen, waschen und in Scheiben schneiden. Die geschälten Orangen filieren. Die Krabben mit den übrigen Zutaten in einer Schüssel vorsichtig vermischen. Für die Sauce die Mayonnaise mit der süßen Sahne, dem Essig und der Sojasauce sowie dem Honig verrühren. Mit Salz, Pfeffer, Cayennepfeffer und nach Belieben etwas Weinbrand würzen und die Sauce über den Salat gießen. Mit frischen Schnittlauchröllchen bestreuen.

Die Rezepte nach Gruppen

Soweit in den Rezepten nichts anderes vermerkt ist,
sind die Zutaten für vier Personen berechnet.

Salate als Beilage

Salate als Vorspeise

Salate als Mahlzeit

Salat als Dessert

Die Rezepte alphabetisch

Bildquellen

Archiv für Kunst und Geschichte, Berlin 5, 6 (beide), 7 (beide), 9, 32, 49
Sirius Bildarchiv 2, 14/15, 16, 17, 19 (alle), 22/23, 25, 28/29, 30, 34/35 (alle), 37, 38/39, 40, 41, 42, 44/45, 46/47, 52–201
ZEFA/Hackenberg 13